Verena Kast

Aus dem Leben schöpfen

Verena Kast

Aus dem Leben schöpfen

Das Verena-Kast-Lesebuch

Herausgegeben von Linda Caggegi

HERDER

FREIBURG · BASEL · WIEN

MIX
Papier aus verantwortungsvollen Quellen
FSC
www.fsc.org
FSC® C083411

www.herder.de

Umschlaggestaltung: Desginbüro Gestaltungssaal
Umschlagmotiv: apiguide/shutterstock.com
Autorinnenfoto: © Palma Fiacco

Satz: Carsten Klein, München
Herstellung: CPI books GmbH, Leck

Printed in Germany

ISBN 978-3-451-60001-2

Inhalt

Vorwort: Aus dem Leben schöpfen

Wenn Lektorinnen wie Karin Walter und Linda Caggegi ein Lesebuch gestalten, ist das ein Geschenk an die Autorin und an die Leserinnen und Leser. Und dafür möchte ich mich bei den beiden sehr herzlich bedanken.

Für mich als Autorin ist es besonders interessant, wie sich aus dem Blick von außen – und dennoch auch nicht ganz von außen – die Lektorinnen mit den von ihnen betreuten Büchern eine Spur des Schaffens sichtbar gemacht haben und dadurch zeigen, was für sie lesenswert ist. Natürlich sind darüber hinaus auch noch andere Spuren denkbar. Die Zusammenstellung von Textausschnitten, die Anregung sein wollen, und vielleicht auch den Appetit auf mehr wecken, sind nach meiner Einschätzung sehr gut gewählt, gehen grundsätzlichen Interessen von mir nach. Mich haben schon immer interessiert – und interessieren mich noch – die Fragen, wie Menschen sich ein Leben lang entwickeln und immer mehr zu ihrer Eigenart finden können. Bei diesem Prozess sind Gefühle unabdingbar wichtig: Gefühle helfen uns, uns selbst zu verstehen, uns im Zusammenleben mit anderen Menschen zu orientieren. Sie geben uns zudem auch Lebendigkeit, und vermitteln dem, was wir erleben und was wir tun, eine Bedeutung. Dabei sind Lebenssituationen, die mit schwierigen Emotionen und Gefühlen verbunden sind, auch die Situationen, in denen wir uns verändern, Altes ablegen und Neues erproben können. Wir machen dann gleichsam einen schöpferischen Sprung. Es kann Sinnerfahrung bringen, sich mit anderen Menschen und mit dem Leben zu versöhnen.

Im Januar 2016, Verena Kast

I Sein: Die eigene Identität finden

Die Bedeutung der Identität

Basis unserer Identität ist das Gefühl der Leiblichkeit und damit verbunden der Vitalität, das Gefühl des Lebendigseins. In diesem Gefühl wurzelt die Möglichkeit, sich als Ich aktiv einzubringen im Leben, sich letztlich selbst zu verwirklichen. Vitalität, Ichaktivität und Selbstverwirklichung bedingen einander. Zur Ichaktivität gehört im Laufe der Entwicklung immer mehr die Selbstbestimmung im Gegensatz zur Fremdbestimmung. Im Laufe unseres Lebens riskieren wir es, aktiv zu sein – damit verbunden – uns selbst darzustellen. Darin erfahren wir unsere Grenzen mehr oder weniger schmerzlich, das bedeutet: Unser Ichkomplex – oft auch »Selbst« genannt – wird uns bewusst.

Zum Erleben der eigenen Identität gehört auch das sichere Wissen um sich selbst, um die Vorstellungen, die ich von mir habe, in Abgrenzung und in Auseinandersetzung mit Vorstellungen, die andere haben und an mich herantragen. Voraussetzung für diesen abgegrenzten Ichkomplex ist, dass sich der Ichkomplex altersgemäß aus den Elternkomplexen herausdifferenziert und dabei immer autonomer wird, und dass der Mensch sich immer neuen Beziehungen und Erfahrungen aussetzt.

Diese Identitätsgrenzen sind als vorläufig und auch als durchlässig zu betrachten. Man-selber-Werden heißt immer auch, die Grenzen neu zu ziehen zwischen sich und der Welt, zwischen dem Ich und dem Unbewussten. Das Erlebnis von sicheren Grenzen erlaubt es uns, uns auch zu entgrenzen; etwa im Verschmelzen mit einem anderen Menschen, wie wir es vor allem in Liebe und Sexualität erleben; ein gewisser Ichverlust kann akzeptiert werden, weil man weiß, dass man sich wieder in die Grenzen zurückorganisieren kann.

Zum Erleben der Identität gehört die Erfahrung von Kontinuität: Das Wissen darum, dass wir – durch alle Veränderungen hindurch – auch als Werdende wir selbst bleiben. Zum Gefühl dieser Kontinuität trägt auch das Bewusstsein unserer Verbindung zu Vorfahren und Nachkommen bei. Kontinuität erfahren wir vor allem im Erleben unserer Emotionen, unsere Emotionen folgen einem biologischen Muster. Dieses Muster verändert sich zwar im Laufe eines Lebens kaum, doch können wir unseren Umgang mit unseren Emotionen verändern. Emotionen erleben wir körperlich, solche Körperempfindungen bleiben die Basis des Ichkomplexes. Sie bewirken, dass wir uns in einer Kontinuität erleben und Bewusstsein von unserer Identität haben.

Zum Erleben der Identität gehört das Interesse für uns selbst, das Interesse dafür, wie wir wirken und was wir bewirken, und auch die Fantasien, die wir über uns haben. Dabei setzen wir uns ständig mit dem, was wir sein möchten, und dem, was wir sind, auseinander. Aspekte von uns, die wir in unserem Selbstbild gar nicht unterbringen können, werden verdrängt, werden zu unserem »Schatten«.

Zum Identitätserleben gehört wesentlich das Erleben von Autonomie: Wir werden nicht absolut autonom im Laufe eines Lebens, sondern nur immer autonomer. Die Abhängigkeiten bleiben bestehen, und es werden auch immer wieder neue entstehen. An die Stelle der Abhängigkeit treten dort, wo wir autonomer geworden sind, wo wir uns in unserer Identität immer deutlicher als uns selbst empfinden, die Selbstständigkeit – und die damit verbundene Verantwortlichkeit. Wir sind dann nicht mehr nur Abkömmlinge der durch die Elternbeziehungen geprägten Situation, nicht mehr bestimmt durch »Elternsätze« und generell immer weniger bestimmt durch Ansichten und Autoritäten. Das heißt aber, dass wir es auch wagen, eigenständige Entwürfe in die Welt hineinzustellen – und uns dafür auch zu verantworten.

Steht jemand in dieser Entwicklung von Gebundenheit und Abhängigkeit zu immer mehr Autonomie und Beziehung, dann kann man davon sprechen, dass jemand ein eigenständiges Selbst hat. Im Jungschen Sinn bedeutet das zusätzlich, dass dieses Gefühl von Identität verwurzelt ist im Erleben einer Rückverbindung zu einem wegweisenden Prinzip in unserem Leben. Dieses wird über verschiedene Symbole an unser Bewusstsein herangetragen und steuert den Aufbau des Ichkomplexes und damit auch den sogenannten Individuationsprozess.

Diese Entwicklung zur autonomen Identität wird in der Adoleszenz ganz maßgebend in die Wege geleitet durch die Ablösung von den Eltern, durch das Sich-Abgrenzen von Vater- und Mutterkomplexen. Kommt ein Mädchen in die Adoleszenz, dann wird zunächst der Vaterkomplex in seinem allgemeinen Aspekt aktiviert. Dieser Vaterkomplex ist natürlich immer auch dadurch überlagert, wie das Mädchen seinen Vater persönlich erlebt hat. Das heißt: Männer werden interessant, Lebensqualitäten, die im Zusammenhang mit dem Vater erlebt wurden, werden in der Projektion auf Freunde in einer neuen, etwas abgewandelten Form erlebt. Oder sie werden auf geistiges und intellektuelles Leben übertragen. Beide Sozialisationsformen sind mit einer Faszination verbunden. Diese zwei Sozialisationsformen können gemeinsam auftreten, in der Regel aber haben wir auf der einen Seite die Mädchen, die sehr früh einen Freund haben und eine Paarbeziehung leben, auf der anderen Seite die, die sich in einer geistigen Welt bewegen, in der Inspiration, Religiosität, Politik oder auch einfach die Faszination des Intellekts und die Intelligenz eine große Rolle spielen. Je nach zugrunde liegendem Mutterkomplex sind diese Mädchen in dieser Phase mehr oder weniger körperfern.

In beiden Sozialisationsformen bleiben – auch dann, wenn sie miteinander verbunden werden können – die Bindungen an den Vater und an den Vaterkomplex erhalten. Die Auseinandersetzung mit dem Vaterkomplex wird vom Mädchen gar nicht gefordert, denn in der Identifikation mit dem Vaterkomplex kann es die von ihm sozial geforderte Rolle gut erfüllen: Entweder haben sie einen Freund und werden bald Hausfrau und Mutter – und sie werden nicht zu viel Eigenwillen ihrem Mann entgegenstellen –, oder sie sind in der intellektuellen Welt, meist identifiziert mit der Vaterrolle, und bewähren sich dort. Nun ist natürlich gegen beide Rollenfindungen nichts einzuwenden, wenn sie wirklich aus einem eigenen Entschluss heraus erfolgen und sie nicht einfach einem Entwicklungsstillstand entsprechen, der zur Folge hat, dass eben keine eigene Identität gesucht wird, sondern eine verschriebene Identität übernommen wird.

Es gibt immer wieder zu Erstaunen Anlass, wie Frauen, deren Ichkomplex mit dem Vaterkomplex identifiziert ist, sehr gut wissen, wie man sich in dieser Welt benimmt, wie man zugreift usw. Wenn dann in solche Leben emotionale Einbrüche erfolgen, wie Trennungen, Ablösungen der Kinder, sind diese Frauen hilflos, fühlen sich leer, zerstört und können sich selber auch gar nicht verstehen. Sie waren doch bisher so gut mit dem Leben zurechtgekommen und auch immer so vernünftig gewesen! Wenn eine Frau sich mit ihrem Vater- und Mutterkomplex nicht auseinandergesetzt hat und der Vaterkomplex auf den Freund übertragen worden ist, kann die Frau über lange Zeit in der Rolle einer Tochter bleiben. Sie ist dann nicht die Partnerin, sondern insgeheim die Tochter ihres Mannes. Auch das ist eine Form der abgeleiteten Identität, die gesellschaftlich zunächst nicht als solche problematisiert wird, sondern eher als erwünscht gilt. Die Rollenforderung kann also quer gegen die Identitätsfindung der Frau stehen, zumindest kann sie die geforderte Rolle erfüllen, ohne eine autonome Identität suchen zu müssen. Sie fühlt sich als »richtige Frau« und muss nicht danach fragen, was das eigentlich ist, weil sie ihre Rolle erfüllt. Dass sie keine eigene Identität hat, fällt dabei nicht auf.

Aus: Verena Kast, Von der Schwierigkeit, einen neue Identität zu finden. In: Dies., Loslassen und sich selbst neu finden. Die Ablösung von den Kindern

Kontinuität und Kohärenz

Wir haben ein Gefühl sowohl für die Kontinuität als auch für die Kohärenz. Wir entscheiden emotional – und oft sehr schnell –, ob etwas zu uns passt oder nicht. Wir werden dabei Anforderungen abwehren, die uns ängstigen, und erst nach einiger Überlegung werden wir uns entscheiden, ob wir uns darauf einlassen oder nicht: Auch zunächst Fremdes kann dann zu geliebtem, geschätztem Eigenen werden. – Wir selbst sind uns auch immer fremd – Entwicklung geschieht, indem zunächst Fremdes nach und nach vertraut gemacht wird. Aber es gibt Fremdes, das für uns nicht einfach nur fremd, sondern unstimmig ist. Würden wir es zu integrieren versuchen, würden wir uns entfremden. Wenn wir immer wieder versuchen, Unstimmiges zu integrieren, dann verliert unser Leben die Kohärenz, es wird beliebig. Das ist meistens verbunden mit einem Gefühl von Sinnverlust. Man hat das Leben dann aus den eigenen Händen gegeben. Man fragt nicht mehr, was denn das Leben von einem will. Diese Kohärenz, die Möglichkeit, viele Aspekte des Ichs in einen Zusammenhang zu bringen, sodass sie gegenseitig aufeinander einwirken können, wird im Laufe der Entwicklung immer wieder neu hergestellt. Dabei geht es ganz praktisch darum, dass wir Erfahrungen, Eigenschaften, die wir haben und entwickeln, Träume, Fantasien, Wünsche miteinander verbinden – und zwar auf der Ebene des Körpers, der Psyche, des Sozialen und des Spirituellen. Dieses kohärente Selbst ist immer in Arbeit. Es entsteht, indem »das Andere« integriert wird. Durch diese Kohärenz entsteht auch die Erfahrung von Kontinuität.

Wir erleben uns in gewissen Situationen als identisch mit uns selbst und haben ein starkes Identitätsgefühl. Wir erleben uns aktuell in unserer Identität, als dem Zentrum unserer eigenen Existenz. Wir sind eine Synthese von allem, was wir schon waren, und von allem, was wir sein werden: Darin zeigt sich Kontinuität. Wir erleben uns als Selbst, zeigen uns als Selbst und können damit auch identifiziert werden. Dieses aktualisierte Erleben von Identität ist je nach Mensch und nach Situationen im Leben unterschiedlich. Es gibt Menschen, die sich mit sich identisch fühlen, wenn sie so richtig einverstanden sind mit sich selbst und mit ihrem Leben. Andere sprechen von Identitätserfahrungen im Zusammenhang mit Körpererfahrungen »an der Grenze«.

So sagt ein 38-jähriger Mann: »Wenn ich klettere und absolut am Limit bin, fast nicht mehr kann, dann spüre ich mich als mich selbst, mich einmalig, bedroht, am Abgrund – ich habe die Verantwortung für mich. Ich kann mich auf mich und meinen Körper verlassen. Das ist ein gutes Gefühl.«

Ist man am Abgrund, auch symbolisch verstanden in Grenzsituationen, spürt man die Identität meistens recht gut. Menschen, die von einer lebensbedrohlichen Krankheit bedroht oder erfasst sind, stellen fest, dass sie besser als je zuvor wissen, wer sie sind, was ihnen wichtig ist und was sie in ihrem Leben noch verwirklichen wollen oder müssen.

Identitätserfahrungen werden auch angesichts einer schwierigen ethischen Entscheidung, die man treffen muss, gemacht. Fühlt man sich verantwortlich, in einer Situation zu entscheiden, in der man nicht weiß, wie man sich eigentlich entscheiden soll, da ist man plötzlich konfrontiert mit der eigenen Identität: und zwar mit den Widersprüchen, die man alle als zu sich gehörig – und vielleicht sogar als schon immer zu sich gehörig – versteht. Auch wenn jemand von uns etwas erwartet, was wir aus unserer innersten Überzeugung heraus nicht erfüllen können, wenn wir spüren – oft mit »jeder Faser unseres Körpers« –, dass wir dies nicht können und nicht wollen und auch nicht tun werden, haben wir ein Gefühl von Identität. Ich – im Gegensatz zu jemand anderem. Diese Situationen gleichen denen, in denen man sich fremd oder gar ausgestoßen fühlt oder fühlte.

Aus der Differenz zu anderen kann also die eigene Identität aufleuchten. Solche Erfahrungen weisen zeitlich auch in die Vergangenheit zurück: Im Zusammenhang mit Identitätserfahrungen werden immer auch Kindheitserfahrungen thematisiert: Als Kind anders angezogen sein als die anderen, hervorstechen – im Guten oder im Schlechten, einfach nicht richtig, den anderen gegenüberstehen, ganz allein, und man ist eben anders als die anderen.

Diese Erfahrung kann unterschiedlich verarbeitet werden. Sie kann ein bestätigendes Identitätsgefühl vermitteln: Ich unterscheide mich, und ich gehe trotzdem nicht unter. Sie kann aber auch als eine absolute Katastrophe erlebt werden: Man fühlt sich zwar in die eigene Haut zurückgewiesen, aber eben zurückgewiesen, ausgestoßen: Man gehört nicht dazu. Auch in einer großen Angst kann man die eigene Identität erleben. Dann erlebt man sie als Identität, die infrage gestellt ist. Ähnliches geschieht bei Erleben von Schmerzen.

Es gibt andere Identitätserfahrungen, die weniger von Bedrohung, als von Lust geprägt sind: Da gibt es Menschen, die hingebungsvoll tanzen, fast bis zur Raserei oder Trance, und von sich sagen, sie erlebten eine Selbstgewissheit in der Selbstvergessenheit.

Ein junges Paar plant, ein gemeinsames Geschäft aufzubauen. Von den zu erwartenden Anfangsschwierigkeiten bis zur großen Firma, die sie einmal haben werden, mit vielen Menschen, die mit ihnen zusammen arbeiten werden, stellen sie sich ihre Zukunft vor und sagen: Das sind wir beide. Und wir beide können so etwas. Darin kommt ein Gefühl von Identität und einem guten Selbstwert zum Ausdruck.

Ein Mann, vor vielen Jahren aus dem Osten in die Schweiz geflohen, erzählt, wie wunderbar er sich gefühlt habe, als er, endlich Schweizer geworden, an einer ersten Bürgerversammlung teilnahm. »Ich hätte jedem und jeder ins Gesicht rufen können: Ich gehöre jetzt auch zu euch. Ich bin auch immer sehr empfindlich, wenn die Schweiz kritisiert wird. Da gehöre ich jetzt dazu, und das ist ganz wichtig. Natürlich habe ich auch noch meine ursprüngliche Identität, ich komme natürlich aus dem Land im Osten, aber meine Wurzeln sind jetzt hier.«

Normalerweise geben diese jeweils neu erlebten Identitätserfahrungen ein gutes Selbstwertgefühl der Selbstgewissheit und der Selbstakzeptanz. Ein solches Gefühl der Selbstgewissheit muss jedoch nicht einfach nur mit Freude verbunden sein, sondern es kann auch großer Schmerz damit verbunden sein.

Allgemein gesprochen sind identitätsrelevante Erfahrungen solche, die die eigenen Grenzen und das Über-sie-Hinausgehen in einem Akt von Vitalität erleben lassen. Oder es sind solche Erfahrungen von Situationen, in denen man in die eigenen Grenzen gewiesen wird und dies nicht einfach als Katastrophe versteht. Das sind Situationen, in denen deutlich eine Unterscheidung zwischen dem Selbst und dem anderen Menschen, aber auch zwischen dem Selbst und dem anderen der Welt erfahren wird, und wo etwas vom eigenen Wesen – meistens auch in seiner Gewordenheit – aufblitzt. Das sind Situationen, in denen für einen Moment unser originäres Selbst aufblitzt oder unser Gefühl von Identität: Es wird darin sichtbar und erlebbar, was wir wirklich sind. Gleichzeitig wird deutlich, was nicht wirklich zu uns gehört, was uns von außen aufgepfropft wird oder worden ist. Da wir solche Erfahrungen nicht immerzu machen, heißt das, dass wir meistens leben, ohne diese Gefühle von Selbstwert und Identität zu haben, oder uns sogar in einem Gefühl der Selbstentfremdung befinden.

Wo und wie wir unsere Identität erleben, gehört ganz eigentlich zu uns und unserer besonderen Persönlichkeit. Es scheint nur außer Frage zu sein, dass alle Menschen diese Erfahrung kennen oder darunter leiden, wenn sie sie nicht von Zeit zu Zeit machen. Das bedeutet aber auch, dass niemand diese ganz spezifischen Erfahrungen bestätigen kann. Haben wir vergleichbare Identitätserfahrungen, können wir uns darüber austauschen. Spricht jemand von einer Identitätserfahrung, die wir selber nie gemacht haben, können wir nicht mitreden. Nur wir selber können sagen, was für uns identitätsrelevante Situationen sind.

Identitätsbildung geschieht in einem internen, psychologischen und in einem externen, sozialen Prozess. Die verantwortete Auseinandersetzung mit dem Schicksal, mit anderen Menschen, mit uns selbst, hält diesen Prozess in Gang.

Aus: Verena Kast, Trotz allem ich. Gefühle des Selbstwerts und der Erfahrung von Identität

Das Interesse an sich selbst – Zuwendung zu sich und der Welt

Das Interesse an unserer eigenen Person ist wahrscheinlich das stabilste Interesse, das wir überhaupt haben, es ist ja auch unsere Verantwortung, unser Leben zu leben, eine eigenständige Persönlichkeit zu werden, und auch uns unser Leben zu erhalten. Insofern hat das Interesse auch mit der Befriedigung unserer narzisstischen Bedürfnisse zu tun. Auch wenn wir Interessen haben, die sich mehrheitlich auf die Welt beziehen, ist immer auch ein Stück von uns selbst mitenthalten, ist eine Selbstdefinition damit verbunden, wie schon erwähnt.

Es gibt aber das ganz direkte Interesse an uns selbst: Das Interesse geht zunächst nicht auf etwas Äußeres in der Welt hin, es geht nach innen, es zielt auf uns selbst und bezieht Dinge der Außenwelt nur so weit ein, wie sie etwas über uns selbst aussagen. Es ist eigentlich das psychologische Interesse: Wer bin ich, woher komme ich, was kann aus mir werden?

Können wir uns nicht für uns selbst interessieren, können wir nicht in den Wirkkreis des Interesses eintreten, dann müssen wir uns interessant machen.

Das sind Menschen, die sich so verhalten, dass sie ständig Beachtung und Aufmerksamkeit verlangen, die sich »aufblasen«, sich und ihre beabsichtigten Leistungen sichtbar überbewerten und ins beste Licht rücken müssen. Sie müssen sich um jeden Preis interessant machen, und der Preis ist hier eine Selbstbespiegelung, die kaum Interesse bei anderen Menschen weckt, oder nur sehr kurz.

Bei Neugier und Interesse geht es ja gerade nicht um Selbstbespiegelung, es geht um eine Zuwendung zur Welt oder zur Innenwelt mit dem Wunsch, etwas zu durchdringen, zu verstehen oder zu gestalten. Menschen, die sich für sich selbst wirklich interessieren, die neugierig sind auf sich selbst, stehen damit in einem Entwicklungsprozess, und – da aus dem Interesse Handlungsimpulse kommen – ergeben sich aus dem Interesse Kompetenz und Kreativität. Allport und Izard, die Väter der Emotionsforschung, vertreten die Auffassung, dass bei Tätigkeiten, die zu persönlichem Wachstum und Kreativität führen, Interesse in einem hohen Maße beteiligt ist.[1]

Wir können ohne Interesse und ohne Interessiertsein nicht oder nur schlecht leben, und deshalb regulieren wir die Zufuhr von Interesse, und wir regulieren auch die Produktion von Interesse, meistens unbewusst, und wenn dies nicht mehr funktioniert auch bewusst. Wir treffen uns mit Menschen, die uns potenziell Interesse entgegenbringen und die wir interessant finden, und nicht nur mit solchen, die uns langweilen. Interessieren sich Menschen erkennbar für uns, dann werden sie in der Regel Freunde oder nähere Bekannte. Wir treffen uns außerhalb des Freundeskreises auch mit Menschen, die gleiche oder ähnliche Interessen pflegen, beim Club der Eisenbahner oder im Literaturclub oder in einer Forschungsgruppe. In diesen Gruppierungen, so weiß man, ist das Zuwendungsinteresse groß, wenn uns nicht die Rivalität einen Strich durch die Rechnung macht. Normalerweise kann man sich dort wunderbar gegenseitig anregen, und zwar nicht nur über das, was substanziell erforscht oder geschrieben wird, sondern an der Emotion Interesse, die hier so spürbar ist und von der man sich anstecken lassen kann. Es ist eine Atmosphäre, in der das Interesse fast greifbar wird. Nach dem Zusammensein mit interessierten Menschen ist man selbst auch ein noch interessierterer Mensch, als man es zuvor war. Und das ist ein sehr gutes, lebendiges Lebensgefühl.

Wir können uns von jeder Emotion anstecken lassen. Ist man leicht gelangweilt, dann überlegt man sich, wo denn jetzt etwas Interessantes stattfinden könnte. Was uns interessiert, darf dann nicht einfach ein Zeitvertreib sein, sodass wir nach Beendigung dieser Aktion wieder genauso unlebendig sind. Das Interessante, das wir suchen, soll uns nachhaltig beleben, unsere eigenen Interessen wieder lebendig werden lassen. Es soll uns das Lebensgefühl geben, dass wir uns wieder interessierter, angeregter fühlen, wieder mehr in der Lage, das Gute, was das Leben zu bieten hat, auch zu sehen. Gelingt das nicht, dann sind wir unzufrieden. Gehen wir in einen Film, von dem wir erwarten, dass er uns anregt, und er vermag das nicht – und das ist nicht immer die Schuld des Films –, dann sind wir erst recht missmutig.

Wir Menschen wissen, bewusst oder manchmal auch unbewusst, um das Lebenselixier Interesse. Und wir suchen dieses Lebenselixier. Wir wissen recht gut, wo wir in solche Wirkkreise des Interesses hineinkommen können, wo es Interesse gibt, wo unser Interesse anzuregen ist. Gelingt uns das nicht, können wir auch eine Sucht entwickeln; die Suche kann zu einer Sucht werden, weil wir diese Belebung, die aus einer Interaktion mit Menschen oder mit der Welt kommt, so sehr suchen, natürlich auch etwas, das frühkindlich und in der Kindheit so lebendig war.

Wir wissen für unser eigenes Leben recht gut, wo wir uns diese Injektionen von Interesse normalerweise holen können. Wir suchen Menschen, für die wir uns interessieren und denen wir wiederum das Gefühl geben können, interessant zu sein. Wir suchen aber auch Menschen, die sich für uns interessieren und uns auch das Gefühl geben, interessant zu sein. Und dieses Interesse, das wir einander zeigen, ist meistens eher eine Form der Aufmerksamkeit als etwas, das wir einander mitteilen. Interessiere ich mich für das, was ein Mensch geschaffen hat, dann werde ich dem sehr viel Aufmerksamkeit schenken. Ich werde kaum ständig meiner Begeisterung Ausdruck geben, aber natürlich werde ich sie zum Ausdruck bringen. Das Maß, in dem sich ein anderer Mensch für uns interessiert, spürt man aber doch eher an der Aufmerksamkeit, die dieser Mensch dem widmet, was wir zu geben haben.

Es gibt Menschen, die ständig bewundern, alles wahnsinnig interessant, toll, »megageil« finden. Und doch ist kein wirkliches Interesse spürbar. Der Wirkkreis des Interesses kommt nicht in Schwung, man bringt einander nicht in Schwung. Gelingt es, in diesen Interessenzirkel einzutreten, durch den das Interesse des einen das Interesse des anderen weckt, eine Interessenkumulation stattfindet, dann gibt das ein sehr gutes Gefühl der Lebendigkeit und damit verbunden ein sehr gutes Selbstwertgefühl. Darüber hinaus kann sich ein Gefühl von Angezogensein entwickeln. Man hat teil, nicht einfach an einem anderen Menschen, sondern man hat auch teil an den interessanten Dingen im Leben. Man hat nicht nur teil am Destruktiven im Leben, sondern man hat teil an interessanten Dingen, an den kreativen Dingen im Leben. Und dadurch hat man natürlich ein ganz sicheres Identitätsgefühl. Dieses sichere Identitätsgefühl wiederum bewirkt, dass wir uns noch mehr öffnen können; infolgedessen wird alles noch interessanter. Zu Ende geht diese Form des Angeregtseins, weil man keine Energie mehr dafür hat, schlafen oder sich anderen Dingen zuwenden muss. Aber als Grundstimmung begleitet uns dieses Gefühl noch längere Zeit. Dieses Angeregtsein, dieses Lebendigsein, dieses Interessiertsein ist vielleicht die beste Form, etwas miteinander gestalten zu können, ohne dass der eine oder die andere an Lebendigkeit verliert.

Aus: Verena Kast, Lass dich nicht leben – lebe! Die eigenen Ressourcen schöpferisch nutzen

Seele hat keine Lobby

Die Innenwelt wird gegenwärtig gering geschätzt. Menschen haben zu funktionieren, erfolgreich zu sein. Können sie etwas nicht, dann haben sie es zu lernen. Fakten sind wichtig – dass etwas, was ist, zusätzlich auch etwas bedeuten könnte, gerät ins Vergessen. Wer krank ist, ist krank – dass hinter einer Krankheit, hinter einer Störung eine existenzielle Problematik stehen könnte, ein Anreiz zu einer Entwicklung, eine Herausforderung, um brachliegende Aspekte der Persönlichkeit zu entwickeln, steht kaum mehr zur Debatte. Schnell soll Normalität hergestellt werden, damit der Mensch wieder leistungsfähig ist. Deshalb stehen auch Kurzzeittherapien höher im Kurs als ein länger andauerndes Erforschen dessen, was im Leben aus dem Ruder gelaufen ist, was verändert werden muss. Das Leben wird unter ökonomischen Gesichtspunkten betrachtet, Betriebswirtschaftslehre scheint im Moment die Leitwissenschaft zu sein: Was sich nicht rechnet, ist nichts wert. Natürlich braucht es die Ökonomie. Aber, wie Ernst Fehr das in einem Interview in der NZZ am Sonntag ausdrückte (22. Juli 2012), die Effizienz des rationalen Marktes allein macht eine Gesellschaft seelenlos.

»Der Mensch aber braucht ein warmes Herz
und einen kühlen Kopf zugleich.«[2]

Die Seele rechnet sich zunächst einmal nicht – wird aber doch ganz grundsätzlich zu einem bedeutenden Kostenfaktor, dann nämlich, wenn die Seele nicht mehr mittut, wenn wir psychisch »nicht mehr mögen«, wenn wir die Lebensfreude verloren haben, unser Körper zudem krank wird, wir an Burnout oder Depressionen leiden. Dann rechnet sich gar nichts mehr. Also ist es doch sinnvoll, sich der Seele zuzuwenden?

Die Seele zeigt sich gegenwärtig äußerlich am Körper: Nicht eine schöne Seele wird gesucht, sondern ein schöner Körper – und durchaus auch ein gestählter Körper, ein fitter Körper. Dagegen ist nichts einzuwenden, wenn die Seele auch ihren Platz und ihre Berechtigung behält. Der Sinn des Lebens kann durchaus in einem schönen Körper erlebt werden – und dennoch ist diese Sinnerfahrung, wäre sie die einzig zugängliche, schmal: Sinnerfahrungen müssen zum Beispiel auch für das höhere Alter tauglich sein. Das schafft der schöne, erprobte Körper alleine dann doch nicht.

Natürlich gibt es die Innenwelt – auch heute. Wenn Menschen lieben, dann erleben sie ein reiches Innenleben, sind angeregt. Voll Fantasie, voll Imagination denken sie an den geliebten Menschen. Werden diese geliebten Menschen verloren, durch Tod, durch Trennung oder einfach dadurch, dass sie sich anderen Menschen mehr zuwenden, dann leiden wir unter »seelischen Schmerzen«, die den körperlichen Schmerzen in nichts nachstehen. Und nicht selten wissen Menschen nicht, wie sie mit diesen Schmerzen umgehen können, wie sie mit ihrer wunden, desorientierten Seele umgehen können. Zwar fühlen sie sich lebendig in ihrem Schmerz, empfinden ihn gleichzeitig jedoch als sinnlos – und können nicht zu einem Sinn finden.

Aber wir wissen, dass auch die Liebesbeziehungen sich unter der Hand in Geschäftsbeziehungen verwandeln können. Das gilt nicht erst seit heute. Heute aber wird darauf das Augenmerk gelegt: Da geht es schon in den Anfängen um Angebot und Nachfrage, und das Begehren nimmt die Eigenschaften des ökonomischen Austauschs an, wie Eva Illouz ausführt.[3] Sie sieht das Problem so: »Einerseits sind Emotionalität, Liebe und Romantik merklich erkaltet. Andererseits ist die Liebe in so vielen Hinsichten … unverzichtbarer für die Bestimmung unseres Selbstwerts als jemals zuvor.«[4] Nicht nur für die Bestimmung des Selbstwerts, sondern auch für die eigene Identität, für den Austausch, für die Resonanz aufeinander, für eine Geborgenheit in der Beziehung. Herrscht also auch an dem Ort, wo Wärme sein sollte, zunehmende Kälte?

Seele zeigt sich außer in der Liebe heutzutage vor allem in mannigfachen Befürchtungen, in Ängsten, in Verstimmungen, in Depressionen, in der »Burnout«-Erfahrung. Die Psyche macht sich in Störungen bemerkbar. Was stört, ist psychodynamisch gesehen zu wenig beachtet in der aktuellen Situation. Es ist vergessen worden, verloren, würde aber dazu gehören im Sinne einer Selbstregulation. Das bedeutet, dass es sinnvoll wäre, der Seele wieder mehr Aufmerksamkeit zu geben. Es geht mir dabei nicht um eine grundsätzliche Kritik am modernen Leben, es geht mir vielmehr darum, mich auch im modernen Leben um die Seele zu kümmern – und damit auch anderen Menschen einen Anreiz zu geben, sich wieder mehr um die Seele zu kümmern.

Es geht mir um die Lebendigkeit des Menschen und, obwohl wir nie eine Seele allein erleben, sondern immer in Verbindung mit einem Körper, geht es mir vordringlich darum, dass die Innenperspektive des Lebens nicht verloren geht: Es geht mir um eine Kultivierung der Innenwelt, in Verbindung zu Mitmenschen und zur Welt als ganzer. Es geht mir aber auch um die Verbindung von Innen und Außen, um ein Gleichgewicht zwischen beiden. Große Einseitigkeiten bewirken Schieflagen – und Schieflagen befördern Rutschpartien.

Die Sorge um die Seele ist nicht neu. Schon Nietzsche schrieb in seinem Zarathustra (1883–1885): »Sinn und Sehnsucht weichen Lust und Vergnügen.« Hierin liegt bereits eine Kritik: Menschen genießen das Leben, aber dem inneren Leben, dem geistig-seelischen Leben wenden sie den Rücken zu. Also ist es immer dasselbe? Sind Menschen einfach so?

Wenn heute Sorge um die Seele geäußert oder gar eine gewisse Seelenlosigkeit beklagt wird, im Sinne des Verlusts der inneren Lebendigkeit, der Fähigkeit, in Resonanz mit der Welt mitzuschwingen, dann wird der Grund dafür häufig zum einen in der Beschleunigung gesehen – und das hat auch etwas für sich, denn Seele braucht Zeit –, aber auch in der Ökonomisierung. So schreibt Hartmut Rosa, man könne sich infolge der Beschleunigung den Dingen nicht mehr »anverwandeln«: »Wir haben keine identitätsberührende, sondern nur noch eine instrumentelle Beziehung zu ihnen.«[5] Resonanz tut not.

Die Sorge um die Seele ist ein Menschheitsthema – immer wieder neu muss man sich mit ihr befassen. Beschleunigung ist dabei sicher ein Thema, dies jedoch schon seit längerer Zeit: Der Schock der Geschwindigkeit begann mit der Erfindung und dem Betrieb der Eisenbahn – so schnell konnte kein Mensch mehr laufen! Dennoch: Die heutige Ökonomisierung, verbunden mit der Beschleunigung, mit dem Gefühl des Gehetztseins, beschleunigt möglicherweise auch die Abkehr von der Innenwelt. Was zunehmend fehlt, ist die Muße. Grundsätzlich fehlt aber auch das Verweilen bei den Dingen, der Versuch, Erlebnisse in Erfahrungen zu transformieren, und sie so als innere Erlebnisse zugänglich zu haben, auf die auch immer wieder rekurriert werden kann, als einen Erinnerungsschatz, als Wegmarken der Entwicklung der autobiographischen Identität bis ins hohe Alter. Mir geht es um das warme Herz, darum, sich ein Bewusstsein dafür zu erhalten, dass es wichtig ist, einen Fundus an innerem, emotionalem, schöpferischem Leben anzulegen, auf den als »Heimat« zurückgegriffen werden kann. Das würde auch die menschlichen Beziehungen bereichern.

Aus: Verena Kast, Seele braucht Zeit

Unser Problem mit der Zeit und der Identität

Wenn ich postuliere, dass die Seele Zeit braucht, dann verstehe ich damit die Seele als ein wichtiges »Organ«, das auch gepflegt werden muss. Einerseits war das immer schon ein menschliches Thema, andererseits scheint es so, dass uns heute im Zuge der Beschleunigung die Zeit knapp wird, sie uns vermeintlich auszugehen droht. Natürlich spart man die Zeit dort, wo sie sich auf den ersten Blick nicht rechnet – bei der Seele. Damit zeigt sich auch die Verbindung von Beschleunigung und Ökonomisierung.

Mit der Dimension der Zeit haben wir ein Problem, mit der subjektiven Erfahrung von Zeit müssen Menschen sich arrangieren. In den Sozialwissenschaften und in der Philosophie spricht man heute von der »Verzeitlichung der Zeit«. Damit ist gemeint, dass über Dauer, Sequenz, Rhythmus und Tempo von Handlungen, Ereignissen und Bindungen erst im Vollzug, und das heißt: in der Zeit selbst entschieden wird, sie folgen keinem vordefinierten Zeitplan mehr.[6] Das bedeutet, dass immer mehr aktuell, punktuell entschieden wird, längere Engagements vermieden werden, man bindet sich nur noch auf Zeit.

Erlebnisse haben keine Dauer. Sie sind präsentisch. Die Erfahrung hingegen ist »zeitintensiv« – sie hat das Gedächtnis – und sie entwirft sich in die Zukunft. »Wird den Dingen das Gedächtnis genommen, werden sie zu Informationen oder auch zu Waren.«[7] Erlebnis ist so besehen Aktualität – mehr nicht. Erleben wird auf die Aktualität eingeschränkt, und das bedeutet, dass Verhalten, das sich auf die Zukunft oder auch auf die Vergangenheit bezieht, mitbetroffen ist: Verbindlichkeit, Treue, Versprechen, längeres Engagement werden kaum mehr möglich, wenn alles auf Kurzfristigkeit hin angelegt ist. Alles, was auf Dauer geplant ist, wird unter dieser Perspektive in Zweifel gezogen. Das bedeutet aber für den Menschen, dass alles, was ein Gefühl von Geborgenheit im Leben auslösen könnte, infrage gestellt wird. Das wiederum löst latente oder manifeste Ängste aus. In der ökologischen Krise zeigt sich die Problematik mit dem Aktualitätsdenken deutlich, denn in diesem Zusammenhang müssen wir uns um die Zukunft bemühen, um Nachhaltigkeit – und dieses Bemühen steht in einem großen Widerspruch zu einem Denken, das die Probleme immer nur für den jetzigen Moment löst.

Wird Gegenwart als Aktualität verstanden, verlieren wir die Dauer und damit das Gefühl, dass man sich auf etwas verlassen kann. Sich verlassen zu können impliziert eine zeitliche Dauer. Können wir uns nicht mehr auf etwas oder auf jemanden verlassen, weil heute dies und morgen etwas anderes gilt, so reagieren wir darauf mit Verunsicherung und Angst. Worauf soll man sich dann verlassen? Darauf, dass man sich auf nichts mehr verlassen kann? Ich kann mich weder auf mich noch auf den anderen Menschen verlassen. Sich auf einen anderen Menschen verlassen zu können, ist aber wesentlich im Umgang mit Bedrohungen, mit all den Imponderabilien des Lebens. Es geht um das Vertrauen in die Bindung.

Bindung, die Vertrauen ermöglicht, kann nicht etwas Punktuelles sein, dann schrumpft sie zum bloßen Kontakt zusammen. Bindung, auf die Verlass ist, muss als in die Zukunft reichend verstanden werden. Zumindest die Absicht muss erkennbar sein. Natürlich versprechen wir einander, dass wir füreinander da sein und füreinander einstehen werden – aber wir alle wissen, dass wir immer auch für eine Überraschung gut sind: Wir überraschen uns selber, das Leben überrascht uns, und die Überzeugung, dass wir mit einem Menschen alt werden wollen, kann ganz schön ins Wanken kommen. Das war wohl schon immer so bei Menschen – das Neue am Alten ist nur, dass das Aktualitätsdenken die Dimension der Dauer aus dem Blickpunkt geraten lässt. Noch weniger Verbindlichkeit, noch mehr die unverbindliche Idee: Heute fühle ich so; wie ich morgen fühlen werde, sehe ich dann morgen – und das bedeutet, dass ich mich auch umentschließen muss.

Eine sichere, von Vertrauen getragene Bindung zu anderen Menschen ist jedoch die größte Hilfe in der Begegnung mit der Angst.[8] Würden wir uns wirklich nur noch mit der aktuellen Situation beschäftigen, würde dies zu einer zusätzlichen Verunsicherung werden. Das ist möglicherweise der Grund, warum Verlässlichkeit in Beziehungen angestrebt wird, warum Menschen sich eine bewusste Anstrengung abverlangen, zuverlässig zu sein. Es mag schwieriger sein als früher, aber es ist auch eine bewusstere Haltung, die mit Krisen in der Verbindlichkeit offen umgehen will. Dass man einfach zuverlässig ist, weil keine andere Haltung möglich ist, weil es so gefordert ist, wird hinterfragt.

Sicher, wir müssen in der Gegenwart leben. Etwas anderes ist nicht möglich. Das ist aber etwas anderes, als nur im Augenblick zu leben. Im Augenblick zu leben, hieße, auf die Erinnerung zu verzichten, aber auch auf die Vorstellungen von Zukunft und damit auf die Absicht und den Willen, Zukunft zu gestalten. Es bliebe nur noch ein »Durchwursteln« und vielleicht auch eine Resignation, die sich in großer Geschäftigkeit verbirgt. Wäre nur die Aktualität wichtig, würde auch die Vergangenheit ihres Wertes beraubt. Das zeigt sich etwa daran, dass Erkenntnisse von früher bereits »out« sind. Nur was ganz aktuell ist, ist im Gespräch. Will man im Gespräch bleiben, muss man sich immer wieder aktualisieren.

Vor allem aber geht diese Haltung mit einer großen Entwertung der Vergangenheit, aber auch mit der Entwertung einer möglichen Zukunft einher.

Auf die individuelle Lebensgeschichte bezogen hieße das, dass die eigene Geschichte, die Geschichte der Erfahrungen nicht mehr wichtig wäre, die Biografie würde auf den Jetztpunkt reduziert: Heute die, morgen eine andere, woher ich komme, wohin ich gehe – das ist unwichtig. Das ist eine Schreckensvision einer nur noch punktuell erlebten Identität, die immer wieder beschworen wird, die ich aber im Grunde für unrealistisch halte.

Auch Rosa[9] ist der Ansicht, dass die postmoderne Identität zwar eine situative ist: Das Individuum in verschiedenen Kontexten lebt verschiedene Aspekte der Identität, nicht nur im Laufe des Lebens, sondern auch gleichzeitig. Es entsteht so etwas wie eine transitorische Identität. Doch das »in allen Praxiszusammenhängen entscheidungs- und handlungsleitende Identitätsgefühl« geht dabei dennoch nicht verloren.[10] Bei aller situativen Veränderung bleiben auch Kontinuität und Kohärenz. Im Vergleich zur sogenannten Normalbiografie werden aber immer wieder logische Zusammenhänge aufgebrochen: Der erste Beruf muss nicht der letzte sein, verlieben kann man sich ein paar Mal im Leben. Politische Überzeugungen hat man auch nicht ein für allemal – und vor allem: Man ist nicht mehr stolz darauf, dass man einer Überzeugung treu geblieben ist, sondern akzeptiert, dass man »mehrere Seelen« in der Brust hat. Auch wenn die Beschleunigung ein soziologisches Konzept ist, das man hinterfragen kann, vom psychodynamischen Gesichtspunkt hat es durchaus etwas für sich. Der Individuationsprozess, ursprünglich von C. G. Jung[11] beschrieben, ist ein lebenslanger Entwicklungsprozess, der sich in der Auseinandersetzung zwischen dem bewussten Leben und den psychischen Erfahrungen und Reaktionen darauf ergibt. Er wird so beschrieben, dass immer wieder neue Aspekte der Psyche belebt werden, damit natürlich auch neue Einstellungen, neue Verhaltensweisen, dass vor allem auch Aspekte der Persönlichkeit, die im »Schatten« lagen, also verdrängt wurden, ans Licht kommen. Konflikte bewirken, dass abgespaltene Anteile ins Leben integriert werden, andere Aspekte aber auch abgelegt werden.

Natürlich haben die aktuelle Welt und die gesellschaftliche Situation einen Einfluss auf diese Prozesse, sind Teil dieser Prozesse. Solange das Ich aber auch die Reaktionen aus dem eigenen Unbewussten wahrnimmt, ist das Gefühl der Identität in der Veränderung gewährleistet und als Kohärenz erfahrbar. Und da sich nie alles verändert, ist auch die Kontinuität vorhanden.

In den aktuellen Lebensläufen mag viel mehr Veränderung sein, als sie früher zu sein pflegte. Werden starre Zusammenhänge aufgebrochen, kann das einen Bruch in der Biografie bewirken, der mit Identitätsunsicherheit, Depressionen usw. einhergeht. Dieses Aufbrechen kann aber auch als Möglichkeit der Neuorientierung verstanden werden. Ähnlich machen das ja auch unsere Träume: Da werden Situationen, die wir alle kennen, neu zusammengesetzt. Damit wird eine neue Perspektive des Erlebens möglich. Da sieht sich zum Beispiel der unsichere Mann als großartiger Sänger, wie er ihn von einer bewunderten

Band kennt, freut sich und ist stolz. Nachdem er aufgewacht ist, wundert er sich, fragt sich, ob er an Größenwahn leide, oder aber ob er sich vielleicht doch zu wenig zutraue. Die Konsequenz: Er wird etwas mutiger und es gibt eine leichte Veränderung in seiner Identität als Sänger.

Wenn so viel Veränderung stattfindet, muss man sich darauf einstellen, das Unerwartete zu erwarten, also eine gewisse Kontrollallmacht aufzugeben. Man wird lernen, mit der Ungewissheit zu leben und sich deshalb schöpferisch auf das Neue einzustellen. Es braucht aber auch das Vertrauen darauf, dass man sich auf das schöpferische Umgehen mit schwierigen Situationen verlassen kann. Mehr noch: Es wird zunehmend noch wichtiger werden als bereits jetzt schon, dass man sich mit anderen Menschen zusammentun kann, dass man auch miteinander Herausforderungen meistert. Sich verbindlich mit anderen zu vernetzen, und sei es nur für die Lösung eines dringenden Problems, wird immer wichtiger werden. Vielleicht werden überhaupt neue Formen des Zusammenhalts wichtig werden. Das bewirkt, dass wir im Zusammensein mit anderen Menschen aktiv sein können, selbstwirksam sein können – und nicht resignieren.

Vom Einzelnen braucht es eine kontinuierliche Anstrengung, um immer wieder Kohärenz im eigenen Selbstbild und der Biografie herzustellen. Es ist wichtig, Verbindungen von jetzt zu früher und zu später herzustellen, die das jeweilige, aktuelle Leben als sinnvoll erscheinen lassen. Erlebnisse müssen dabei zu Erfahrungen werden, müssen im Gefühl verankert werden; die narrative Verbindung von Aktualität, Vergangenheit und Zukunft sollte bestehen bleiben und wird es wohl auch. Es gibt das Aktualitätserleben und es gibt das Bedürfnis nach der Dauer. Beides steht heute in einer größeren Spannung zueinander als in früheren Zeiten. Diese Spannung muss ausgehalten werden. Es ist wohl kein Zufall, dass das Lebenswerk von Marcel Proust »Auf der Suche nach der verlorenen Zeit« heute so oft neu reflektiert wird. Daniel Binswanger schreibt in seiner Erinnerung an Proust: »Er wusste, dass diese Erinnerung nur dann existiert, wenn sie zu einer sinnlichen Erfahrung wird. Um die Vergangenheit dem Vergessen zu entreißen, muss man sie sehen, schmecken, riechen können.«[12]

Um dem Aktualitätsdenken die Dauer zur Seite zu stellen, braucht es sowohl die sinnlichen Wahrnehmungen als auch die sinnenhafte Erinnerung, die Imagination mit allen Sinnen. Und so kann Biografie auch erzählt werden. Wir erzählen immer wieder unsere Geschichte. Über diese narrative Verbundenheit hinaus gibt es viele weitere Verbindungen, die zeigen, dass auch postmoderne Menschen sich immer wieder um ihr Identitätsgefühl und um Kontinuität und Kohärenz bemühen, trotz aller Umbrüche. Postmoderne Menschen, die mobil sind und viele Umbrüche hinter sich haben, sind dennoch auch um Kontinuität besorgt: So hört und liest man immer wieder davon, wie Menschen beschreiben, welche Gegenstände sie durch alle Umzüge hindurch gerettet haben. Menschen, die eine Beziehung zu Büchern haben, haben meistens ein paar Bücher, die allen Räumungsversuchen widerstanden haben und die immer wieder einmal in die Hand genommen werden. Wer mehr Platz hat, hat eine ganze Bibliothek von Büchern, die als Wegmarken der eigenen Lesebiografie verstanden werden. Die Erinnerungen müssen auch sinnlich erfahrbar sein, um die Gefühle der Identität zu nähren. Das sind »Übergangsobjekte«, die Verbindungen zur Vergangenheit und zur Zukunft schaffen und damit Kontinuität in der Lebensgeschichte – trotz aller Veränderungen – ermöglichen.

Aus: Verena Kast, Seele braucht Zeit

Lebensmottos

Ein Lebensmotto ist ein leitendes, zusammenfassendes Motiv, ein Leitspruch, ein Wahlspruch, unter dem das eigene Leben oder Zeiten unseres Lebens stehen. Lebensmottos können sich an Lebensübergängen verändern. Oder man kann an veränderten Lebensmottos erkennen, dass sich etwas Grundlegendes im Leben verändert hat – zum Beispiel Grundannahmen über das Leben. Jemand mit der Grundannahme, dass anderen zu helfen das Wichtigste sei im Leben, entdeckt – gespiegelt im Lebensmotto »Jeder ist sich selber der Nächste«, dass sich etwas Grundlegendes in seinen Wertvorstellungen verändert hat.

Lebensmottos werden in der Kindheit meistens von Eltern, Großeltern oder Lehrern vermittelt – von Menschen, die uns wichtig waren oder die uns als wichtig dargestellt wurden. Später stammen sie auch aus Büchern oder entspringen Auseinandersetzungen mit Freundinnen und Freunden. Sie sind nahe bei den Elternworten und oft damit verbunden. Mottos drücken die Einstellung zum Leben aus, mit der man aufgewachsen ist. Sie ist unbewusst, weil sie als selbstverständlich erscheint. Und diese Einstellung übernimmt man zunächst einmal, später setzt man sich hingegen eher vehement davon ab. Diese Lebensmottos sind zunächst Leitlinien, Antrieb, Motivation für das eigene Leben. Ihre Wirkung ist altersabhängig, einige davon verlieren ihre Wirkung nie. Lebensmottos – auch einander widersprechende – können nebeneinander bestehen und sich auch überlappen.

Diese Lebensmottos zeigen das eigene Gewordensein, die psychischen Entwicklungen, die man als Mensch gemacht hat. Reflektieren wir über diese Lebensmottos, wird uns vieles aus unserem Gewordensein einsichtig.

Es ist sinnvoll, sich für diese Übung in die bestimmten Lebensphasen einzufühlen. Das gelingt, indem man sich selber in der Imagination betrachtet: zum Beispiel in der Schulzeit, dann aber vor allem bei den Lebensübergängen, die oft von den runden Geburtstagen markiert werden. Meistens geht man dabei von Fotos aus, auf denen man sich typischerweise in einer bestimmten Lebensphase erkennt. Klara, eine 70-jährige Frau, hat Lust, Lebensmottos für ihr Leben zu finden.

Als Vorschulkind, so sagt sie, habe ihr das Märchen vom Rotkäppchen großen Eindruck gemacht – wegen der roten Kappe. Aber eingeschärft habe man ihr, sie dürfe nicht vom Weg abgehen, sonst geschehe etwas Böses – dann komme so ein Wolf. Aber eigentlich habe sie den Wolf interessant gefunden.

»So zwischen acht und zwölf – so genau weiß ich das nicht, aber da war ich noch in der Mittelstufe, habe ich mich heimlich mit dem Dornröschen identifiziert und ich habe gedacht: Die sollen sich doch an meiner Hecke abmühen und sich zerkratzen. Ich war unzugänglich, auch unglücklich.

13 bis 20: Da hatte ich ein klares Motiv, und das habe ich heute noch: Ach wie gut, dass niemand weiß, dass ich Rumpelstilzchen heiß… Niemand hat meine diabolische Seite gesehen; das gefällt mir heute noch: Die meisten meiner Bekannten halten mich für eine sehr genaue, etwas langweilige, ängstliche Frau. Von meiner wilden Seite haben sie keine Ahnung. Ich habe vieles in meinem Leben gut versteckt – und das gefällt mir.

Dieser Spruch stammt von meiner Großmutter. Sie hat ihn mir ins Poesiealbum geschrieben: Meine Mutter kannte ihn auch, hat ihn auch ab und zu als Maxime von sich gegeben. Der Spruch sollte mich wohl ermutigen, für mich selber einzustehen.

Ungefähr mit 35 litt ich an einer Depression, ich war sehr unglücklich in meiner Partnerschaft. Mein Motto war ein wehleidiges, es war vielleicht kein Motto, aber es war der Satz, den ich ständig laut oder leise vor mich hin sagte, wie ein Mantra: »Niemand liebt mich, alle wollen mich nur ausnutzen.« Dann ging ich in Therapie.

Ungefähr mit 38 war die Therapie beendet. Auf dem Tisch wurde »Tue recht und scheue niemand« ersetzt durch: »An den Grenzen wird das Neue.« Spontan fällt mir jetzt aber ein: Wäre Schneewittchen bloß bei den Zwergen geblieben! Dann hätte ich keine schwierige Beziehung mit einem etwas eitlen Prinzen gehabt. Hätte ich nicht geheiratet, wäre ich nicht verlassen worden. Immer bei den Zwergen zu bleiben wäre wohl auch keine Lösung.

Am 48. Geburtstag sagte das Tagebuch: »Man muss das Leben durchstehen, so übel ist es gar nicht.« (Das ist immer noch ein Satz aus der Therapie.)

Am 58. Geburtstag stand da zur eigenen Überraschung: »Ich tue, was ich kann, (nicht was die anderen meinen, dass ich muss).« So viel Überraschendes: Ich genieße jeden Morgen.

Und mit 69: »Die Abendsonne wärmt schön.« Und eben: »Ach wie gut, dass niemand weiß …«

Bei Klara wird das Sammeln von Lebensmottos zu einer wahren Leidenschaft (hier sind nur einige wenige angefügt). Sie versteht, dass für sie von Anfang an der Widerstreit zwischen Autonomie und Anpassung an andere Menschen ein wichtiges Thema ist. Sie versteht auch, dass sie kraftvoll überkompensiert hat mit dem Satz der Frauen aus ihrer Familie: »Tue recht und scheue niemand.« Vielleicht haben auch schon ihre Mutter und Großmutter ein ähnliches Problem gehabt. Interessant ist der Satz, den sie wie ein Mantra vor sich hin sagte: »Niemand liebt mich, alle wollen mich bloß ausnutzen.« Dieses Motto empfindet sie als »tödlich« – wenn man sich das ständig sagt, dann kann nichts Gutes mehr gesehen werden.

So ist das Leben dann auch – schrecklich. Bei diesem Motto kann man sehen, wie gefährlich ein Lebensmotto werden kann, wenn es ausschließlich ist und keine Ausrichtung auf die Zukunft erlaubt. Sie sieht sich diesem

Leitspruch entsprechend nur noch als ein Opfer. Mit dem Ausspruch »Ich tue, was ich kann, und nicht, was ich meine, dass die anderen von mir erwarten« hat sie sich auf die Seite einer bezogenen Autonomie geschlagen. Dennoch ist das Problem nicht ganz ausgestanden: Sie darf noch immer nicht dazu stehen, dass sie etwas wagemutigere, wildere, wenig angepasste Seiten hat. Sie darf sie aber immerhin im Geheimen leben. Solange sie eine so große Freude daran hat, wird sie auch nichts ändern. Die Gefahr, ein Leben, das auch gelebt werden könnte oder gelebt werden müsste, nicht zu leben, weil sie doch noch danach schielt, was die anderen denn sagen, könnte weiter bestehen.

Aus: Verena Kast, Was wirklich zählt, ist das gelebte Leben. Die Kraft des Lebensrückblickes

Mottos als seelische Grundstimmungen

So überschreibt eine etwa 70-jährige Frau die Sammlung ihrer Lebensmottos:

Etwa bis zehn Jahre: »Ich will aber, ich will aber auch!« Etwa ab acht: »Es ist alles so schwer.« Etwa ab 13 (fromme Phase): »nicht wie ich will, sondern wie du willst.« Etwa ab 18: »Was liegt an dir? /Unsterblich duften die Linden.« Eigentlich das Gedicht von Ina Seidel als Ganzes.[13]

Etwa gleichzeitig war ein Goethe-Zitat wichtig: »Wie es auch sei, das Leben, es ist gut.«

Ihr Kommentar: »Ich gab ihn dann auch einmal auf. So hilfreich er lange Zeit auch war, in seiner Absolutheit stimmt er so ja nicht.« Etwa ab 50 unter dem Eindruck einer sehr wichtigen Beziehung: »Unmöglich ist immer die Rose, unbegreiflich die Nachtigall.« Ihr Kommentar: »Ohne Goethe, der ja so gut staunen konnte, geht es nicht!« Etwa gleichzeitig wegen der murrenden Gebeine: »Trotz dem alten Drachen« (aus dem Gesangbuchlied »Jesu meine Freude«). Hervorgehoben sind die für mich wichtigsten Aussagen, die noch besonderes Gewicht bekommen durch die Musik dazu. (Bachs gleichnamige Motette BWV 227) »Trotz dem alten Drachen, Trotz dem Todesrachen, Trotz der Furcht dazu! Tobe, Welt, und springe; ich steh hier und singe in gar sicherer Ruh. Gottes Macht hält mich in acht, Erd und Abgrund muss verstummen, ob sie noch so brummen.« Diese beiden letzten Mottos gelten bis heute.

Eine Frau, die als junges Kind offenbar schon schwer am Leben trägt und dennoch mit einem großen Mut und Willen versucht, mitzuhalten. Eine Frau, die mit schweren körperlichen Beeinträchtigungen lebt – dennoch den Sommer, den Duft der Linden erleben kann. Mutiger Trotz, Relativierung der eigenen Bedeutung durch das Einschwingen in den Rhythmus des Lebendigen, – in einem frühen Alter, mit etwa 18, eingebettet in dieses Gedicht. Dies bringt zwar zum Ausdruck, dass wir alle sterblich sind und uns auch nicht zu viel auf uns selber einbilden sollten, gleichzeitig jedoch auch, dass man, solange man auf dieser Welt ist, am blauen, leuchtenden Sommer, am Duft der Linden, Anteil hat. Dankbares Staunen über alles, was dennoch auch im späteren Leben noch möglich, noch neu erfahrbar ist und wiederum: Trotz …

Auffallend ist an dieser Suche nach Lebensstimmung, dass wohl kein einziger Muttersatz, kein einziger Vatersatz dabei ist: Da ist von Anfang an ein Kind, das selber will – und sich dadurch wohl auch gelegentlich überfordert hat.

Wie wird eine solche Suche nach Lebensmottos erlebt? Die Antwort dieser Frau kann natürlich nicht generalisiert werden, scheint mir aber dennoch für viele zu stehen: »Als ich einmal begonnen hatte, und am Anfang war es gar nicht leicht, dann begann es zu sprudeln, und es sprudelt noch. Zu den einzelnen Zeitabschnitten kamen mir verschiedene Mottos in den Sinn, mit der Zeit aber verschwanden einige. Es scheint so zu sein, dass die Dominierenden bleiben. Dass ich mir meist Sätze aus der Literatur ausgeliehen habe, ist eigenartig – oder doch nicht? Ich habe ja eine große Liebe zur Literatur.«

»Es begann zu sprudeln, und es sprudelt noch ...« Das ist es, was ich mit diesen Anregungen auslösen möchte: Die Erinnerungen sollen sprudeln, einige nimmt man mit, andere lässt man wieder fallen. Lässt man es weiter sprudeln, dann wird alles viel komplizierter. Da kann man dann nicht mehr einfach einen Zeitpfeil benutzen, sondern es wird Zeitpunkte im Leben geben, die eher als Spiralen darzustellen wären. Da wird dann auch sichtbar, wie man sich etwa in einer Krise gefühlt hat, aber auch, wie sich das Leben durch die Krise verändert und danach angefühlt hat: Es werden Knotenpunkte des Lebens sichtbar.

Die Idee, Texte aus der Literatur zu übernehmen, samt der dazugehörigen Musik, finde ich anregend. Gerade das Gedicht »Trost« von Ina Seidel war für eine bestimmte

Generation sehr wichtig. Für andere Generationen mögen andere Texte dieselbe Lebenserfahrung ausdrücken. Unsere Biografie ist nie nur unsere persönliche Biografie, es ist immer auch eine kulturelle Biografie. Gerade Biografiearbeit zeigt, wie unser Leben in einer Atmosphäre von Kultur stattfindet. Kultur ist wie selbstverständlich immer da, wie die Luft zum Atmen. Sie beeinflusst unser Leben in einem hohen Maße.

Diese Suche nach der Lebensstimmung im Laufe des eigenen, gelebten Lebens regt natürlich auch an, die Lebensgeschichte mit den Lieblingsgedichten, den Lieblingsliedern, der Lieblingsmusik und den Lieblingssongs zu illustrieren. Das könnte es ermöglichen, die seelischen Grundstimmungen im Laufe des Lebens zu fassen. Knotenpunkte des Lebens werden erinnert – Verknotungen werden sichtbar, Knoten können aber auch neu verknüpft werden.

Aus: Verena Kast, Was wirklich zählt, ist das gelebte Leben. Die Kraft des Lebensrückblickes

Das psychosoziale Moratorium

Der von Erikson geprägte Begriff des Moratoriums ist für unseren Zusammenhang bedeutsam. Was ist damit gemeint? Ein Jugendlicher tritt in die Pubertät mit Orientierungen und Überzeugungen, die es von den Eltern weitgehend übernommen hat. Diese übernommene Identität, die Summe der Identifizierungen, werden nun infrage gestellt. Noch ist es aber nicht möglich, eine eigene Orientierung in Bezug auf die Zukunft zu haben. Verschiedene Entscheidungsoptionen treten ins Bewusstsein, die Jugendlichen wissen nicht, wie sie sich entscheiden sollen. Dies ist die Identitätsverwirrung, in der eine krisenhafte Zeit erlebt wird. Diese Krise braucht Zeit. Sie bezeichnet ein psychosoziales Moratorium, während dem der Jugendliche keine Verpflichtungen eingehen muss und in Ruhe nach den richtigen Wegen suchen darf. »Die Adoleszenz und die sich immer mehr in die Länge ziehende Ausbildungszeit der späteren Schul- und Hochschuljahre können … als psychosoziales Moratorium betrachtet werden: als eine Periode sexueller und kognitiver Reifung und gleichzeitig als ein sanktionierter Aufschub endgültiger Verpflichtung. Dieses Moratorium erlaubt eine relative Ellbogenfreiheit für Rollenexperimente, auch im sexuellen Bereich, und diese Experimente sind alle für eine adaptive Selbsterneuerung der Gesellschaft wichtig.«[14] Wichtig scheint mir in diesem Zusammenhang zu sein – und das kommt in diesem Zitat deutlich zum Ausdruck –, dass nicht nur der Jugendliche sich verändert, indem er sich eine sicherere Identität schafft, sondern dass sich dadurch auch die Gesellschaft verändert. Erikson illustriert den Prozess des psychosozialen Moratoriums an der psychohistorischen Biografie über Martin Luther.[15] Luther sollte Rechtswissenschaft studieren, so hatte es sein Vater, ein Bergmann, bestimmt: Sein Sohn sollte einen angesehenen bürgerlichen Beruf ergreifen. Luther identifizierte sich zunächst mit diesem Wunsch, hatte an der Universität Erfurt den Magistertitel mit Auszeichnung erhalten und hätte nun das Jurastudium beginnen können.

Da machte er eine einschneidende Erfahrung: Bei einem heftigen Gewitter befand er sich auf dem freien Feld, umgeben von zuckenden Blitzen. Luther drückte sich in seiner Angst in eine Ackerfurche, rief die heilige Anna, die Heilige der Bergleute, um Hilfe und gelobte, Mönch zu werden, sollte er dieses Gewitter überleben. Er überlebte und erfüllte das Gelübde umgehend, im Alter von 21 Jahren.

Die Zeit, die Luther im Kloster verbrachte, interpretierte Erikson als institutionellen Versuch, die Identitätsdiffusionen der Jugend zu verstärken, um sie dann zu heilen. Das ist ein interessanter Gedanke: Die Identitätsdiffusion soll durch die Klosterregeln noch verstärkt werden, damit sie zu einem Ende kommen kann. Gelungen ist die Verstärkung der Krise dadurch, dass persönlicher Besitz in diesem Kloster verboten war, aber – und das wiegt schwerer – auch das Sprechen, sogar das Sprechen mit sich selbst. Die Klosterzelle maß drei mal drei Meter. Nach diesem Stadium der Verwirrung und Verunsicherung folgt dann mit Luthers Priesterweihe und der Zeit seines Mönchtums eine Klärung, aber auch dies war wiederum ein vorübergehender Zustand: Ein möglicher Weg, »die Entscheidung darüber, was man sei und was man werden solle, hinauszuschieben«[16]. Das ist das Kennzeichen des Moratoriums. Als Luther auf den Lehrstuhl für Moralphilosophie in Wittenberg berufen wurde, ging das Moratorium zu Ende.

Aus: Verena Kast, Trotz allem ich. Gefühle des Selbstwerts und der Erfahrung von Identität

Das Schaffen und Verändern von Identität

Die Bewegung von der übernommenen zur erarbeiteten Identität ist eine lebenslange Aufgabe. Immer wieder werden wir Identitäten übernehmen und sie dann im Dialog verändern, bis sie wieder mit dem übereinstimmen, was wir jeweils als wirklich unser Eigenstes empfinden. Es ist dies ein ständiger Prozess, in dem Identität geschaffen und verändert wird. Es ist eine Individuationsbewegung, und es ist auch ein Prozess der Selbstregulierung. Reagieren wir unter der Wirkung des Autoritätskomplexes, reagieren wir so, wie uns die von uns geschaffenen Autoritäten haben wollten oder wie wir uns zumindest vorstellen, was »die Autoritäten« von uns erwarten, so können wir nicht den ganzen Komplex auf einmal infrage stellen. Wir werden aber dort etwas infrage stellen, wo unser Leben unter der Wirkung dieses Komplexes zu einseitig, zu eingeschränkt, zu unfrei, zu langweilig wird. Wenn wir uns zu sehr von uns selbst entfremden, weil wir zu sehr unter der Wirkung der Autoritätskomplexe stehen, werden wir eine solche Selbstregulierung vornehmen. Wo also unser Eigenstes in Gefahr steht, da werden wir diese übernommene Identität hinterfragen. Es gibt viele übernommene oder auch verschriebene Aspekte der Identität. Das geht auch in die Geschlechterthematik hinein: Was ein rechter Mann oder eine rechte Frau ist, das übernimmt man als Kind zunächst einmal, und es bleibt einem zunächst unbewusst. Im Laufe des Lebens merkt man dann, dass das eigene Frausein abweicht von dem, wie Frauen zu sein haben, dass das eigene Mannsein nicht mit dem Bild vom rechten

Mann übereinstimmen will. Diese Ablösung von der verschriebenen Identität und das Finden der eigenen Identität ist ein zentraler Aspekt des Individuationsprozesses.

Diese Veränderung von der mehr übernommenen zur erarbeiteten Identität kann sich in einer Krise ereignen, muss es aber nicht. Nicht selten finden diese Veränderungen auch statt im Zusammenhang mit normativen Lebensübergängen, etwa einem runden Geburtstag. Auch hier spielt das psychosoziale Moratorium eine Rolle.

Die Krise ersetzt die Motivation zur Veränderung.[17] Nimmt man die Idee des psychosozialen Moratoriums ernst, ergibt sich daraus eine Anregung, wie mit solchen Krisensituationen umzugehen ist. Nehmen wir wahr, dass vieles nicht mehr gilt, was einmal gegolten hat, und dass wir sehr vieles hinterfragen müssen, dann müssen wir uns für die Neuorientierung Zeit nehmen. Man braucht dann eine »Auszeit«, in der man viele verschiedene Ideen zulässt, sich auf die eigenen Träume konzentriert und diese mit den alltäglichen Fragen vernetzt. Gerade diese Unsicherheit birgt in sich die Chance, Festgelegtes immer wieder noch einmal zu hinterfragen. Die Idee keimt, dass ich auch noch eine »ganz andere« sein kann oder ein »ganz anderer«, und dass ich durchaus etwas in meinem Leben verändern kann – immer wieder. Dazu braucht man aber Zeit, Zeit, um die innere Stimme zu hören, sich auf Träume zu besinnen, Schlafträume, Wachträume, auf die Fantasien, die wir für die Zukunft haben. Gerade diese zukunftsbezogenen Fantasien – auch wenn sie gelegentlich illusorisch sind – zeigen einen Entwicklungsstrang auf. Aber nicht nur, was intrapsychisch in uns aufbricht, ist wesentlich für diese Übergänge: Wir werden uns dabei immer auch mit Modellen auseinandersetzen, die uns im alltäglichen Leben für unsere Lebenssituation nahe gebracht werden; Modelle, wie sie etwa in den Medien, in der Lebenshilfeliteratur dargestellt werden – es können aber auch Menschen sein, denen man persönlich begegnet ist. Es sind viele Modelle vorhanden, wir haben eine große Wahlfreiheit und es besteht eine große Versuchung, eines der Modelle unkritisch zu übernehmen.

Nicht zu unterschätzen sind die Modelle, wie sie uns in der Literatur nahe gebracht werden. Die Literatur stellt uns noch einmal unendlich viele Modelle zur Verfügung. Nicht nur aktuell lebende Menschen können uns Modell sein, Menschen, wie sie es schon immer waren und wie sie von Dichtern beschrieben worden sind, sind es ebenso. Diese Modelle, die einem gelegentlich auch einfach das Gefühl des Wiedererkennens geben, ein Gefühl für einen Aspekt der Identität in uns wachrufen, regen zur inneren Identitätsfindung an. Niemand verpflichtet uns darauf, diese literarischen Gestalten zu imitieren, möglicherweise gibt uns das auch keinen Zugewinn in den Augen der Mitmenschen, aber sie können uns helfen, uns selber in gewissen Aspekten zu erkennen, ohne dass wir diese Aspekte so ganz und gar ausleben müssen. Das hat ein anderer, eine andere bereits für uns getan. Wir können in aller Ruhe uns entscheiden, was davon zu unserer Identität gehören mag.

In unserer Kultur neigen wir dazu, in Krisensituationen krank zu werden. Solche Krankheit, die natürlich auch unangenehm ist, hat einen Sinn: So gewinnt man Zeit, um sich mit sich selber zu beschäftigen. Andere schlafen schlechter, als sie es normalerweise tun: Auch hier gäbe es Zeit, sich mit dem, was ansteht, auseinanderzusetzen. Man könnte sich aber auch bewusst eine Auszeit nehmen, wenn eine Entwicklung ansteht. So wäre es einfacher, die Krisen zu bewältigen und uns von der übernommenen zu einer mehr erarbeiteten Identität hin zu bewegen. Diese erarbeitete Identität bleibt immer vorläufig. Worauf zielen dann diese immer wieder neu erarbeiteten Vorstellungen? Das Ziel, wenn man einem solchen Identitätskonzept folgt, ist es, immer mehr der Mensch zu werden, der man ist, der Mann zu werden, der man ist, die Frau zu werden, die man ist. Also, immer echter zu werden, immer authentischer, immer mehr zu unserem »wahren Selbst« (Winnicott) zu finden und dabei immer mehr zu einer Einzelperson zu werden. Und dies nicht abgekapselt, sondern in der ständigen Auseinandersetzung mit der Gesellschaft, mit der Gruppe, zu der man sich zugehörig fühlt. In dieser Person geht es auch darum, dass man das Gefühl für die Kontinuität des eigenen Lebens nicht verliert. Dieses Ziel kann ausgedrückt sein oder nicht ausgedrückt sein, aber es ist immer da und der Fixpunkt vieler Identitätskonzepte. Gesucht wird letztlich eine Übereinstimmung von Leben und Handeln mit dem eigenen Wesen. Das vermittelt Sinnerleben und ein gutes Selbstwertgefühl.

Aus: Verena Kast, Trotz allem ich. Gefühle des Selbstwerts und der Erfahrung von Identität

Nicht Opfer – nicht Aggressor: Das eigene Leben leben

Das Gegenbild zum Opfer und zum Aggressor ist das Bild des Gestalters oder der Gestalterin. In ihm sind Aspekte des Opfern-Müssens, des immer wieder Opfern-Müssens mit denen der Aggression, im Sinne des Gestaltenwollens, des Dranbleibens, vereint. Trotzig wird immer noch jene Möglichkeit bearbeitet, die sich gerade noch ergibt. Auch der Gestalter oder die Gestalterin ist bezogen auf ein übergeordnetes Ziel, vielleicht auf das Ziel, dieses Leben angesichts aller Bedrohungen und der ständigen Begrenzung durch den Tod dennoch zu einem vollen Leben zu machen, und dieses auch den Mitmenschen zu ermöglichen, soweit es in seiner oder ihrer Möglichkeit liegt.

Dies scheint mir möglich zu sein, wenn wir unsere Komplexe ernst nehmen und sowohl die Macht und Grandiosität opfern, die wir in der Identifikation mit dem Angreifer oder der Angreiferin haben, als auch die Macht und Grandiosität opfern, die wir in der Identifikation mit dem Opfer haben. Nicht leiden und zerstören sollte oberstes Gebot sein, sondern leben und leben lassen. Dazu können wir aber nur finden, wenn wir jene Bereiche in unserer Psyche bearbeiten können, wo es uns nicht erlaubt war zu leben, wo wir Machtübergriffen ausgeliefert waren. Das ist uns aber nur möglich, wenn wir bereit sind, unsere Identifikationen mit dem Angreifer oder der Angreiferin auch zu enttarnen.

Nun stößt natürlich jeder Gestaltungswille an eine Grenze: Es bleiben immer Dinge, mit denen wir nicht umgehen können. Heidegger nannte das das Un-Umgängliche und meinte damit einerseits das, was nicht zu umschreiten ist, was von uns nicht in seiner Ganzheit gesehen werden kann, andererseits aber auch das, was nicht zu vermeiden, aber auch nicht zu bewältigen ist, so wie Tod und Verlust. Mary Williams[18] sah im Sadismus, einer ausgeprägten Identifikation mit dem Angreifer, eine Identifikation mit dem Tod als dem unzerstörbaren Zerstörer und folgerte daraus, dass Sadisten sich nicht damit abfinden können, dass es die Vergänglichkeit, also den Tod, gibt. Und dass sie so versuchen wollen, Kontrolle über das Leben zu gewinnen, eine Kontrolle, die uns Menschen nicht gegeben ist. In der Identifikation mit dem Angreifer oder der Angreiferin haben wir ein ähnliches Kontrollbedürfnis gesehen. Blinder Zerstörungswille führt letztlich zum Tod. Ein blinder Gestaltungswille müsste aber wohl auch wieder in die Opferposition führen, würde das Grundthema des Opferns, nämlich dass gewisse Dinge bedingt hingegeben werden müssen, nicht mitbedacht werden. Opfern heißt nicht einfach, etwas zu verlieren, opfern heißt auch nicht einfach, etwas weggenommen zu bekommen, opfern heißt vielmehr, freiwillig etwas wegzugeben im Dienste einer übergreifenden Idee oder eines übergreifenden Wertes. Im Wagnis einer übergeordneten Idee, in der Hingabe an eine übergeordnete Idee liegt noch einmal die Aufgabe des Gestalters oder der Gestalterin. Im Zusammenhang mit der Opfer- und Aggressor-Thematik hieße es, das Leben nicht auf Machtstreben, Dominanz und Unterwerfung zu reduzieren, sondern die vielen Möglichkeiten, die im Leben liegen, als miteinander Gestaltende einander zu ermöglichen.

Und das wäre wohl nicht einmal eine Vision, die als allzu grandiose Idee gleich wieder verworfen werden müßte. Und dennoch würde es ein Umdenken mit sich bringen:

Alle Fragen des Ausbeutens und des Dominierens und Unterwerfens müßten neu bedacht werden. Insbesondere zwischen den Geschlechtern müßte die Gleichwertigkeit immer wieder sichtbar gemacht und praktiziert werden. Das heimliche Idealisieren der Aggressivität bei Jungen und Männern müßte schonungslos aufgedeckt werden. Gestalten heißt, daß Menschen miteinander und nicht gegeneinander etwas herstellen.

Worüber wir vermehrt und von allen Disziplinen her noch nachdenken müssen, ist die Frage, wie das Selbstwertgefühl der Menschen ganz generell stabilisiert werden kann. Das heißt, wir müßten auch enttarnen, wie im alltäglichen Miteinander das Selbstwertgefühl immer wieder destabilisiert wird. Die Frage nach der alltäglichen Stabilisierung des Selbstwertgefühls ist sehr wichtig, denn davon hängt letztlich der Umgang mit Angst und Aggression ab, davon hängt auch ab, ob wir den Anforderungen an eine flexible Identität genügen können. Wichtig wären einfache Hinweise darauf, wie die Selbstregulierung des Selbstwertgefühls des einzelnen im Alltag in einer guten Weise unterstützt werden kann. Wenn zum Beispiel andere Sie fragen, was Sie denn alles tun, um sich besser zu fühlen, oder: in welchen Situationen Sie ein selbstverständliches Vertrauen ins Leben spüren, ein selbstverständliches Selbstvertrauen. Das sind Fragen danach, wie Menschen üblicherweise ihr Selbstwertgefühl regulieren, und das kann uns alle dazu anregen, das Selbstwertgefühl auch anders zu regulieren, so werden wir fähiger, unser Leben zu gestalten.

Weitere Aspekte, die zu nennen und zu beachten sind, sind folgende: Die Wertschätzung und das Bewusstwerden der Erfahrung der gehobenen Emotionen: Wenn wir uns freuen, haben wir ein selbstverständliches Selbstvertrauen, sind einverstanden mit uns selbst, mit der Welt und wesentlich weniger ängstlich gestimmt. Wir könnten anregen, auch einmal die Freudenbiografie zu rekonstruieren anstelle der Traumabiografie, uns also die Frage zu stellen, was uns in unserem Leben schon alles Freude gemacht hat und wo diese Freuden allenfalls geblieben sind.[19]

Aus dem Bewusstsein heraus, dass wir unser Selbstwertgefühl immer auch wieder regulieren können, ohne dass wir zu Aggressorinnen oder Opfern werden müssen, aus dem Bewusstsein heraus, dass Menschen einander sogar helfen könnten, zu einem sichereren Selbstbewusstsein zu finden, könnten wir in einen Zirkel des Miteinander-Gestaltens eintreten. Um weder Opfer noch Aggressor zu werden, ist es wichtig, sich immer wieder um ein gutes Selbstwertgefühl zu bemühen. Dazu ist die altersgemäße Ablösung von den Elternkomplexen sehr wichtig, es gibt aber, wie ich auch aufgezeigt habe, zusätzlich viele praktische Möglichkeiten im Alltag, wie wir unser Selbstwertgefühl stabilisieren können, und wie wir es auch immer wieder stabilisieren, sodass wir auch mit den üblichen Kränkungen besser umgehen können. Das heißt aber mit anderen Worten auch, dass wir immer mehr versuchen, das eigene Leben selbstverantwortlich zu leben.

Aus: Verena Kast, Abschied von der Opferrolle. Das eigene Leben leben

Von der abgeleiteten zur autonomen Identität

In einer Untersuchung von Bernadoni und Werder wird beschrieben, dass acht von zehn Frauen, die erfolgreich an Spitzenpositionen in ihrem Beruf stehen, Akademiker als Väter hatten, die dafür sorgten, dass die Mädchen unabhängig und selbstständig wurden. Der Vater war das Rollenvorbild und wurde als dynamisch, aktiv, intelligent, strebsam, liberal beschrieben. Dabei muss es sich nicht um Idealisierungen handeln, es ist denkbar, dass diese Väter so attraktiv sind, wie sie beschrieben werden, die Rolle der Mutter allerdings bleibt dann sehr unattraktiv. Die Mütter werden abgelehnt, denn diese erfolgreichen Frauen können die Passivität und die Farblosigkeit ihrer Mütter, die sich den Vätern unterwerfen, nicht akzeptieren. Die Identifikation mit dem Vater und das Verdrängen der mütterlichen Rolle hätten schon in der Adoleszenz zu Identitätsproblemen führen können. Falls sie erlebt wurden, wurden sie durch noch bessere Leistungen kompensiert. Von den Frauen, von denen diese Untersuchung handelt, könnte man sagen, sie hätten im Großen und Ganzen einen positiven Vaterkomplex. Sie waren meistens verheiratet, und die Untersucherinnen bemerken lakonisch, diese Ehen stünden unter noch größerem Stress als die gewöhnlichen Ehen: Die Frauen würden nach außen zumindest ihren Männern deutlich den Vortritt lassen …

Ich habe diese Untersuchung genannt, weil sie meiner Ansicht nach eine heute wichtige Sozialisationsform illustriert: die Identifikation mit der Vaterrolle – und das ist ja die attraktivere. Das heißt aber auch, dass der Ichkomplex mit dem Vaterkomplex identifiziert wird, wobei der Mutterkomplex und auch die Beziehung zur eigenen Mutter abgespalten ist, beziehungsweise in den Hintergrund tritt. Ursache für diese Identifikation mit dem Vaterkomplex ist neben der Attraktivität der väterlichen Rolle, dass die Auseinandersetzung mit dem Mutterkomplex nicht stattfindet. Findet diese Auseinandersetzung aber nicht in der Adoleszenz statt, dann meistens in der Lebensmitte. Auf diesem Hintergrund entwickeln sich häufig schwere Identitätskrisen im Zusammenhang mit der Ablösung der Kinder, mit dem Klimakterium, mit Trennung ganz allgemein.

Die Auseinandersetzung mit der weiblichen Identität muss in der Adoleszenz stattfinden, sonst hat die Frau eine abgeleitete Identität, keine autonome, sondern eine von außen, etwa von geliebten Männern, oder von kollektiven Rollenerwartungen an sie herangetragene. Es fehlt die autonome Identität, eine Identität, die die spezielle Innenwelt der jeweiligen Frau mit berücksichtigt. Diese autonome Identität zu finden ist gar nicht so einfach: Wenn Frauen nach Frauenbildern suchen, die ihnen entsprechen, stellt sich oft heraus, dass es wiederum Männerbilder gibt: nämlich Bilder, die Männer von Frauen geprägt haben. Es wird wohl viel Bewusstseinsarbeit von den Frauen gefordert werden, um eine nicht abgeleitete Identität zu erleben, Gefühle der Identität zu beschreiben, um nach Bildern zu suchen, die mit der inneren Verfassung übereinstimmen und nicht mit irgendwelchen Erwartungen von außen. Natürlich werden diese Frauenbilder letztlich einen Kompromiss zwischen Innen- und Außenwelt darstellen, eine Mischung sein zwischen alten Bildern, den Erwartungen von Beziehungspersonen und mit dem eigenen Bild, das mit der eigenen Innenwelt zusammenhängt.

Das scheint mir im Moment ein außerordentlich wichtiger emanzipatorischer Ansatz zu sein, wenig spektakulär, mühsam durchzuhalten – aber von größter Wichtigkeit. Die Stellung der Frau wird sich nicht grundsätzlich verbessern, solange sie sich eine eigene Identität vorenthalten lässt.

Um zu einer eigenen Identität zu finden, müssen sich Frauen mit ihren Müttern auseinandersetzen. Findet diese Auseinandersetzung in der Adoleszenz nicht statt, werden die Probleme, die mit der Mutter anstehen, in der Regel auf den Partner übertragen und erschweren die Partnerschaft zusätzlich.

Aus: Verena Kast, Sich einlassen und loslassen. Die Ablösung von den Kindern

Die Notwendigkeit der Anerkennung

Menschen brauchen Anerkennung für das, was sie sind und was sie beitragen. Dies ist eine weitere Voraussetzung für ein gutes Selbstwertgefühl. Es genügt nicht, dass die Bedürfnisse befriedigt werden, die Anerkennung dieser Bedürfnisse ist gleichermaßen wichtig. Dornes[20] zeigt das im Rahmen der Säuglingsbeobachtung:

Das Kind muss nicht nur spüren, dass die Mutter jetzt gern mit ihm spielt, sondern auch, dass der Mutter gefällt, was das Kind macht. Das bringt die Mutter natürlich nicht mit Worten zum Ausdruck, sondern in der Art, wie sie an dem Spiel teilnimmt. Dornes meint, dass viele psychische Erkrankungen damit zusammenhängen, dass die Anerkennungswünsche frustriert werden. Anerkennung meint nicht billige Lobhudelei, sondern ein akzeptierendes Mitgehen. Ausgedrückt werden kann das auf verschiedene Weise. Kohut hat es so formuliert, dass ein Kind den Glanz im Auge der Mutter braucht. Es kann natürlich auch der Glanz im Auge des Vaters sein. Und diesen Glanz braucht nicht nur ein Kind, das brauchen auch erwachsene Menschen: den Glanz im Auge eines Partners oder einer Partnerin, eines Mitmenschen. Öfter versagen wir einander diesen Glanz. Ein Säugling muss zunächst in seinem Wesen und seinem Tun anerkannt werden. Da ist vorerst nichts Reziprokes. Erst sehr viel später kann er selber anerkennen, Dornes meint, etwa mit drei Jahren. Beim Bedürfnis nach Anerkennung wird deutlich, dass wir den anderen Menschen für die wohlwollende Selbstbestätigung brauchen, die dann in der Folge der Entwicklung dazu führt, dass man sich selber und anderen gegenüber auch anerkennend sein kann, Respekt für sich und für andere aufbringen kann. Das wiederum ist eine Grundlage für ein gutes Selbstwertgefühl. Die Entwicklung des Selbst und die Herstellung eines ausgewogenen Selbstwertgefühls haben immer schon eine Identitätsstruktur, sind eine Folge der Auseinandersetzung mit dem anderen Menschen oder dem anderen schlechthin.

Aus: Verena Kast, Trotz allem ich. Gefühle des Selbstwerts und der Erfahrung von Identität

Persona und Schatten

Die Konzepte von Persona und Schatten[21] von C. G. Jung weisen in einer anderen Weise auf die Frage der Identität hin.

Der Ausdruck »Persona« geht zurück auf die Maske im griechischen Schauspiel. Da stülpte sich ein Schauspieler die Maske einer mythischen Gestalt über, eine Persona, und war dann identifiziert mit dieser Gestalt, der er durch sein Spiel zur Realität verhalf. Stülpen wir uns unsere »Masken« über, sind wir identifiziert mit einer Vorstellung von uns selbst, wie wir in der entsprechenden Situation am besten präsentabel sind, wie wir meinen, am besten anzukommen. Dieses Bild, das wir der Welt zeigen, kann uns auch in einem größeren Zusammenhang gut entsprechen, wir können aber auch den Eindruck haben, unecht zu sein und eine Rolle zu spielen, die nicht zu uns passt. Die Persona ist ein Kompromiss zwischen unserem Ich-Ideal und den Vorstellungen von den Erwartungen der Mitmenschen, die uns etwas angehen. Damit wir möglichst ansehnlich sind, verdrängen wir die Seiten, die nicht zu unserem schönen Bild gehören. Daraus entsteht dann der Schatten: Die Aspekte, die wir an uns nicht akzeptieren und zu denen wir nicht stehen können. Sie gehören dennoch zu unserer Persönlichkeit, und wie alles Verdrängte, Verborgene zeigen sie sich auch immer wieder, besonders dann, wenn man sie wirklich verbergen möchte.

Kleider, Frisur, Masken, Make-up, Hüllen, Fassaden, aber auch Autos usw. sind symbolische Darstellungen der Persona. Der Welt begegnen wir in einer Personahaltung:

So und nicht anders möchten wir gesehen, möchten wir wahrgenommen werden. Die Art und Weise, wie wir uns verhüllen, enthüllt aber gleichzeitig etwas. Sehr oft zeigen wir nicht nur das, was wir zu zeigen beabsichtigen, sondern durchaus auch das, was wir eigentlich verhüllen wollten, nämlich den Schatten.

Im Zusammenhang mit der jeweiligen Personahaltung oder dem Personaausdruck steht zum Beispiel die Frage, was »man« denn zu einem bestimmten Anlass anzieht, wie man sich herrichtet. Eine andere Frage ist die nach der Kontrolle: Wie sehr kontrolliert »man« in einer bestimmten Umgebung zum Beispiel die Emotionen, wie viel gibt man preis? Welche Seiten von sich selbst zeigt man?

Die Persona ist das, was wir der Welt in den jeweiligen Beziehungssituationen zeigen, was wir darstellen, wie wir unsere Persönlichkeit in den jeweiligen sozialen Situationen zum Ausdruck bringen, sodass wir Akzeptanz erreichen, Zugehörigkeit, allenfalls auch Abgrenzung.

Jung hatte noch oft von einer erstarrten Persona gesprochen.[22] Ein Mensch spielt eine Rolle, kann aber nichts anderes mehr spielen als diese Rolle, er ist in ihr erstarrt und die lebendige Persönlichkeit ist nicht mehr spürbar. Dieser Mensch hätte allerdings eine eindeutige Identität – wenn auch eine erstarrte.

Heute sehen wir sowohl die Persona als solche als auch das Konzept der Persona viel flexibler. Es ist immer mehr auch ein spielerischer Umgang mit der Persona auszumachen, bis hin zur Frage: Wie inszeniere ich mich in einem bestimmten sozialen Zusammenhang? Möglicherweise ist das eine Folge der Mediengesellschaft: Zum einen geben uns die Medien sehr viele Modelle, wie man sich darstellen kann, zum anderen nötigen sie uns auch, uns zu inszenieren.

In Inszenierungen von Künstlerinnen und Künstlern wird dies kritisch aufgegriffen und spielerisch demaskiert, so etwa von Cindy Sherman: Mit ihren Inszenierungen verfolgt sie die Absicht der künstlerischen »Demaskierung der gesellschaftlichen Maskenbildnerei von Identitätszwangsjacken für die so genannte ›Frau‹«[23]. Gesellschaftliche Maskenbildnerei als Rollenzwang und damit auch Personazwang wird durch diese Künstlerinnen infrage gestellt, und gleichzeitig wird in neuen Inszenierungen demonstriert, dass man sich diesem Zwang nicht unterwerfen muss.

Wenn der Rollenzwang sich lockert, mit der Persona flexibler und auch spielerischer umgegangen wird, dann ist damit zu rechnen, dass Menschen auch eher zu gewissen Schattenseiten stehen können und sich nicht mehr nur schön sehen müssen. Dann besteht aber die Gefahr, dass die fixierten Rollenvorstellungen zu Schatten werden, zu etwas, das wir ablehnen und bei anderen Menschen als unemanzipiert geißeln. Ins Bewusstsein kommen müsste eigentlich die Differenz zwischen diesem Spiel mit der Persona – und damit auch der Frage nach dem, wie wir unser Selbst ausdrücken können, und einem alten starren Rollenverhalten. So sind auch Lebensübergänge nicht mehr mit Forderungen nach einer bestimmten Persona verbunden: Frauen trugen noch bis in die 60er Jahre hinein nach der Menopause schwarz. Mit der Flexibilisierung der Persona setzt die Frage nach einer fließenden Identität nachweisbar ein.

Die Persona regelt unsere Beziehung zur Außenwelt, zeigt, was wir zeigen möchten und in welchen Aspekten wir von den Mitmenschen gesehen und anerkannt werden möchten. Insofern zeigen wir durchaus einen Aspekt unserer Identität. Es ist dabei egal, ob ich mich darstelle als Mensch mit vielen »Gesichtern« oder als ein Mensch, der sich eigentlich immer gleicht –, in genau diesen Aussagen über uns selbst wollen wir bestätigt werden.

Diese Bestätigung von außen reguliert auch das Selbstwertgefühl. Wir werden in der Regel versuchen, jeweils die Personahaltung einzunehmen, die uns am meisten Akzeptanz garantiert. Oder aber es wird uns deutlich bewusst, dass wir eine bestimmte Haltung nicht einnehmen können – auch wenn wir dann akzeptiert wären – weil wir uns sonst verraten. Wir wüssten zwar jeweils schon, wie wir uns zeigen und verhalten müssten, aber wir können das nicht, weil wir authentisch bleiben wollen. Das Bedürfnis, echt zu sein und gleichzeitig unter der Anforderung einer bestimmten Rolle zu stehen, kann zu einem Konflikt führen. Andere wiederum haben es längst aufgegeben, Akzeptanz zu bekommen, sie haben eine Persona kultiviert, die erschrecken soll, die andere Menschen aufschrecken soll. Dadurch verschaffen sie sich zumindest Beachtung. Menschen, die sich immer wieder in anderer Aufmachung und auch in einem anderen Stil zeigen, stellen mit ihren Inszenierungen die Frage nach Facetten ihrer Identität und wollen damit herausfinden, wer sie sind. Personadarstellungen und Personahaltungen sind nicht nur die Kehrseite des Schattens, sie verweisen auch auf die Frage nach dem Kern der Persönlichkeit: Gibt es einen Kern der Persönlichkeit, gibt es etwas in uns, das durch alle Veränderungen hindurch sich gleich bleibt, auf das wir Rücksicht nehmen wollen, oder können wir uns beliebig darstellen, passt alles gleich gut?

In der Familie werden Kinder auf die Persona hin sozialisiert. Kleine Kinder zeichnen sich gerade dadurch aus, dass sie kaum Persona zeigen, und mit der Entwicklung des Schamgefühls zwischen drei und sechs Jahren[24] entwickelt sich auch die Personahaltung, die weitgehend Frucht der Erziehung ist. Kontinuierlich spürt dann das Kind, dass es verschiedene Umgebungen gibt, in denen man sich verschieden gibt und sich auch verschieden benimmt, um entweder gut anzukommen oder anzuecken. In der Adoleszenz werden dann verschiedene Personahaltungen und auch verschiedene Ausdrucksformen der Persona ausprobiert, meist in großer Übereinstimmung mit der Gruppe der Gleichaltrigen.[25] Es genügt nicht mehr, dass man von den Eltern und den anderen Beziehungspersonen der Kindheit akzeptiert wird. Die eigene Identität muss von der Gruppe der Gleichaltrigen akzeptiert werden. Die Persona drückt sich dann vornehmlich in einem Kleidungsstil aus, den diese Jugendlichen teilen, aber auch in einem bestimmten Lebensstil, der oft dem Lebensstil der Erwachsenen entgegengesetzt ist und vieles vom Schatten der Erwachsenenwelt beinhaltet.[26]

Es ist konstitutiv für die Persona und die Identität, sich an den eigenen inneren Anforderungen zu messen, sich damit zu beschäftigen, was die anderen sagen. Was das Selbstkonzept entweder bestätigt oder zur Revision anregt, bestimmt aber auch den Schatten. Was die Mitwelt erwartet, ist bestimmt vom Zeitgeist und den herrschenden »Moden«. Doch auch verinnerlichte Erwartungen aus der Kindheit werden noch auf die Umgebung projiziert und als Erwartungen der anderen verstanden, die man erfüllen sollte. Sagt zum Beispiel jemand: »Das kannst du dir in dieser Situation absolut nicht leisten«, so kann dieser Satz sehr wohl noch ein »Vater- oder Muttersatz« sein und mit unseren Vater- oder Mutterkomplexen zusammenhängen, die noch zu wenig bearbeitet sind.[27] In der Folge unterwirft man sich dann der Umgebung projektiv: Wir sind überzeugt, dass die Umwelt von uns eine genaue Vorstellung hat, wie wir uns benehmen, anziehen, geben sollen. Gelegentlich geben wir uns große Mühe, diesen vermeintlichen Anforderungen zu entsprechen, ernten dabei aber keine besondere Akzeptanz und auch keine besondere Aufmerksamkeit, denn wir haben nur in den Mustern einer alten Geschichte gehandelt. Elterliche Gebote werden sehr leicht zu Personahaltungen, die nicht zu besonderer Akzeptanz führen.

Persona ist eine psychische, physische und soziale Haltung, die zwischen der inneren und der äußeren Welt vermittelt, vielleicht mehr »Gesicht als Maske«, wie Blomeyer es ausdrückt.[28] In der Personahaltung muss also etwas ausgedrückt sein, was zutiefst unserem Wesen entspricht. Die Persona ist aber gleichzeitig an die Anforderungen der Gesellschaft angepasst. Deshalb werden die meisten Menschen von außen als verhältnismäßig gleich über Zeit und Situation hinweg wahrgenommen. Immer häufiger ist zu beobachten, dass die Persona inszeniert wird. Und dennoch wird von innen und von außen so etwas wie »Identität« einer Person erlebt, das Gleichbleibende durch alle Veränderungen hindurch, so etwas wie ein Kern.

Hinter der Persona verbirgt sich der Schatten

Mit Schatten bezeichnen wir Persönlichkeitszüge, die wir zumindest im Moment vom Ich-Ideal her nicht akzeptieren können. Werden wir bei einem Fehlverhalten ertappt, das diesem Schatten entspricht, so schämen wir uns; unser Schatten ist uns ausgesprochen peinlich. Deshalb haben wir die Neigung, Schattenaspekte von uns auf andere Menschen zu projizieren und sie an anderen Menschen wahrzunehmen. Dort indessen erscheint uns der Schatten als sehr interessant. Andere Menschen, auf die wir unsere Schatten projizieren, erfüllen für uns schnell die Funktion von Sündenböcken: Sie repräsentieren dann alles, was mit unseren Schattenseiten zu tun hat oder zusammenhängt.

Es ist nicht möglich, dem Schatten zu entgehen. Jede Personahaltung schafft wiederum neue schattenhafte Aspekte. Mit dem Schatten wird man also nie fertig. Aber oft liegen auch wichtige Persönlichkeitsaspekte im Schatten, die nicht gelebt werden dürfen. Es geht also darum, sich auf Schattenhaftes zu sensibilisieren und den Schatten zu akzeptieren. Dies meint, dass man in einer bestimmten Situation die Schattenqualität im eigenen Verhalten erkennt und das Verhalten allenfalls korrigiert. Auf jeden Fall sollte man sich fragen, was es bedeuten würde, wenn man diesen Schattenaspekt voll auslebte oder in eine Beziehung hineinbrächte und welche Konsequenzen dies hätte. Auch für den eigenen Schatten müssen wir Verantwortung übernehmen, soweit das möglich ist. Es gilt, eine Sensibilität für die Schattenaspekte bei sich und auch bei den anderen zu entwickeln. Solche Schattenakzeptanz und Schattensensibilität brächten einen Zuwachs an Selbsterkenntnis, meistens auch an Vitalität, Toleranz sich selber und den andern gegenüber. Heuchelei und die Abwertung anderer würde weniger und das eigene Selbstwertgefühl würde besser.

Aus: Verena Kast, Trotz allem ich. Gefühle des Selbstwerts und der Erfahrung von Identität

II Fühlen: Gefühle verstehen lernen

Das Emotionsfeld Angst – und der Gegenpol der Hoffnung

Auch bei der Angst gilt, was für die anderen Emotionen gilt: Wir haben selten nur Angst. Wir haben es fast immer mit ganzen Emotionsfeldern zu tun. Emotionsfelder meint natürlich auch Sprachfelder, denn Emotionen benennen wir mit mehr oder weniger farbigen Ausdrücken. Zum Emotionsfeld der Angst gehört die Spannung, die Beklemmung, die Panik, die Furcht. Dieses Emotionsfeld Angst geht aber noch wesentlich weiter. Zum Emotionsfeld Angst gehört dann auch Kummer, Zorn, Wut, Aggression. Angst und daraus resultierender Ärger, mit dem Feindseligkeit verbunden ist, sind zwei Emotionen, die sehr eng verschwistert sind. Wenn wir Angst haben, dann wollen wir bekanntlich entweder fliehen oder angreifen. Angreifen aber ist Aggression. Es gibt Menschen, die sehr selten Angst spüren, dafür wesentlich leichter die Aggression. Man hat dann das Gefühl, dass diese Leute immer zornig sind. Sie geben einem den Eindruck von sehr kraftvollen Menschen, und dennoch kann man plötzlich auch dahinter kommen, dass hinter ihrem so leicht erregbaren Zorn Angst steckt; eine Angst, die durch den Zorn abgewehrt wird. Der Zorn ist ja eine Emotion, die vorwärtstreibt, die verändert.

Zur Angst gehört dann auch das Emotionsfeld Angst – Scham – Schuld. Das ist ein sehr wichtiges und ein recht breites Emotionsfeld. Auf der anderen Seite haben wir dann das Emotionsfeld Angst – Mut – Hoffnung. Angst kann geradezu als Gegenpol der Hoffnung gesehen werden, überhaupt als Gegenpol zu all den gehobenen Emotionen, die uns weit machen.[29] Angst macht uns eng, Angst lässt uns nicht atmen, Angst gibt uns das Gefühl, eingeschnürt zu sein, ganz im Gegensatz eben zu Freude, zu Inspiration, zu Hoffnung. Diese Emotionen erscheinen im ersten Moment fast unvereinbar mit der Angst, doch es sind ihre Gegenpole. Beide sind auf die Zukunft bezogen. In der Angst haben wir im äußersten Fall den Eindruck, überhaupt keine Zukunft mehr zu haben. Wir fühlen uns nicht mehr getragen, fühlen uns unsicher in diesem Leben, existenziell bedroht. Bei der Hoffnung, da hoffen wir auf eine bessere Zukunft, sogar wider besseres Wissen. Wir entwerfen uns vertrauensvoll auf eine Zukunft hin, die uns noch als verdeckte Vision erscheint und an die wir dennoch zu glauben vermögen. Dabei erfahren wir das Lebensgefühl des Getragenseins.

Aus: Verena Kast, Vom Sinn der Angst. Wie Ängste sich festsetzen und wie sie sich verwandeln lassen

Vom Umgang mit der Angst

Natürlich weiß man, dass man sich der Angst stellen und mit ihr umgehen sollte, dass man sich nur so entwickelt und in der Auseinandersetzung mit den Bedrohungen, die immer da sein werden, kompetent wird. Man weiß dies alles, weicht aber der Angst immer wieder aus; dann traut man sich mit der Zeit überhaupt nichts mehr zu, wird immer ängstlicher, immer lebensuntüchtiger und in der Regel auch immer abhängiger von Menschen, die angeblich besser zu leben verstehen, das Leben besser im Griff haben. Man zieht sich zurück, man entwickelt Tendenzen, alles im Leben kontrollieren zu wollen, und verweigert sich den Wandlungen des Lebens.

Angst gehört zum Menschen, sie ist ein wichtiges Anzeichen dafür, dass wir in einer Situation, die Angst auslöst, achtsam sein müssen, achtsam mit dem Leben umgehen müssen. Angst ist also Emotion, die wir dann erleben, wenn wir uns bedroht fühlen oder ein bedrohliches Ereignis erwarten, uns zugleich aber dieser Situation hilflos ausgeliefert fühlen.

Angst ist ein emotionaler Zustand des Organismus, sie ist gekennzeichnet durch einen betont als unangenehm erlebten Erregungsanstieg. Gleichzeitig nimmt man eine komplexe mehrdeutige Gefahrensituation wahr, in der eine adäquate Reaktion nicht möglich erscheint. Angst setzt dann ein, wenn etwas, das uns persönlich als sehr wertvoll erscheint, in Gefahr ist. Die Angst bringt uns dann dazu, das für uns Wertvolle zu erkennen, es zu retten oder neue Werte zu schaffen. Um das zu können, müssen wir aber zunächst die Angst zulassen. Da die Angst aber als unangenehm erlebt wird und es auch nicht gerade ein gesellschaftlich anerkannter Wert ist, Angst zu haben und sie auch auszudrücken, versuchen wir uns so rasch als möglich von ihr zu befreien. Frauen dürfen etwas eher Angst zulassen als Männer. Ob wir aber Angst zulassen können, entscheidet darüber, ob wir uns verändern und ob wir die Umwelt verändern.

Mut zur Angst ist also gefragt. Selbstverständlich ist damit nicht der ängstliche, ständig zögernde Mensch gemeint, dessen Unentschlossenheit gerade schon die Folge davon ist, dass der Mut zur Angst fehlt, sondern Menschen, die in bestimmten Situationen spüren, dass sie in ihrem Eigensten bedroht sind, dass das Leben jetzt bedroht ist, die betroffen sind von diesem Spüren und Abhilfe schaffen wollen. Je besser unser aktuelles Selbstwertgefühl ist, umso besser können wir die Angst zulassen, weil wir darauf vertrauen, mit ihr auch umgehen zu können.

Der Umgang mit der Angst ergibt sich aus dem Wesen der Angst. Ich werde einige Aspekte herausgreifen. Diese verschiedenen Aspekte der Angst haben jeweils auch verschiedene Therapierichtungen begründet.

Angst äußert sich als Spannung. Insofern wird alles, was uns entspannt, zur Entängstigung beitragen.

Angst setzt dann ein, wenn wir eine komplexe, mehrdeutige Gefahrensituation wahrnehmen, das erfüllt uns mit Ungewissheit. Ungewissheit stiftet Verwirrung. Können wir diese Ungewissheit aushalten, stellt sich nach einiger Zeit wiederum eine neue Gewissheit ein. Alle schöpferischen Prozesse beginnen damit, dass man verunsichert ist, dass man verwirrt ist, dass man aber unbedingt etwas erkennen will und ein Problem lösen möchte. Im schöpferischen Prozess muss diese Verwirrung ausgehalten werden. Verwirrung auszuhalten ist aber kein erstrebenswerter Wert in unserer Gesellschaft: Wir sollen immer ganz schnell wieder Gewissheit haben, den Durchblick haben. Das bedeutet aber oft auch, dass wir keine kreativen Lösungen finden, sondern nur die allernotwendigste Anpassung an die neue Gegebenheit leisten.

In Zeiten der Ungewissheit sind wir auch bereiter, auf Einfälle zurückzugreifen, Träume wahrzunehmen, in der Fantasie etwas auszuprobieren. Das können wir aber alles nur, wenn wir nicht zu sehr Angst haben, wenn die Angst uns nicht zu sehr lähmt. Fühlen wir uns in einer Situation bedroht, sind wir verwirrt, so suchen wir Sicherheit. Das Gefühl der Hilflosigkeit verlangt Hilfe. Wir suchen dann meistens Menschen, auf die wir uns verlassen können, die von der Situation weniger gelähmt sind. Problematisch wird es dann, wenn wir anderen Menschen sozusagen die Verantwortung über unser Leben übergeben.

Wünschenswert wäre es, dass wir Menschen finden, die sich durchaus auch betreffen lassen, die aber soviel Grundvertrauen ins Leben leben – oder durch ein Wir-Gefühl miteinander aufbauen –, dass miteinander die bedrohliche Situation wirklich gesehen werden darf, dass Unsicherheit als Normalität einem Leben gegenüber begriffen wird, in dem nur das Eintreten des Todes gewiss ist, und dass schöpferische Vorschläge zur Veränderung der Situation wahrgenommen und aufgenommen werden können. Das Erleben eines Wir-Gefühls ist dabei außerordentlich wichtig, sind wir doch in Situationen, in denen wir uns ängstigen, in unserer Identität fast vernichtet. Der Verlust der gewohnten Identität kann zum Beispiel so erlebt werden, dass man sich selber nur noch als Angstperson wahrnimmt. Diese sieht bei den verschiedenen Menschen verschieden aus, sie ist aber immer hilflos und meistens auch kopflos. Viele Menschen aber treffen in ihrer Suche nicht ihre Angstperson, sondern immer nur ihre Aggressions- oder Destruktionsperson. Solche Menschen wehren die Gefühle der Angst und der Vernichtung ab, indem sie andere ängstigen und indem sie zerstören. Durch die im zerstörerischen Handeln erlebbare Ichaktivität ist der Selbstwert für eine kurze Zeit stabilisiert, nachfolgende Schuldgefühle allerdings bewirken, dass der Selbstwert erneut unter Druck gerät. Und die erneut auftretenden Angstgefühle werden dann mit noch mehr Destruktivität beantwortet; dadurch entsteht leicht eine Spirale der Destruktivität.

Im Wir-Gefühl hingegen – möglichst entstanden aus der Zugehörigkeit zu Menschen, die von uns wissen, dass wir auch mehr sind als diese Angstperson – finden wir eine gewisse Geborgenheit, die uns auch wieder mehr zu unserem ausgeglicheneren Selbstwertgefühl zurückbringen kann. Dieses Angewiesensein auf das Wir-Gefühl kann sich natürlich auch fatal auswirken, wenn man dieses »Wir« bei Menschen findet, die die anstehenden Änderungen nicht sehen wollen. Leider können Gruppen, die ein sehr einfaches, ideologisches oder ein sehr aggressives Programm haben, leichter ein starkes Wir-Gefühl vermitteln als Gruppen, die sich nicht im Besitz der Wahrheit wähnen, die selber auf der Suche sind, immer wieder auch überprüfen, ob das, was sie vorschlagen, wirklich auch zu verantworten ist. Hier ist auch anzumerken, dass durch das Erzeugen von Angst Menschen sehr leicht manipuliert werden können. Man macht Menschen durch das Schüren von ganz banalen Ängsten unsicher und hilflos: Angst vor Verlust der Arbeit, Angst vor Verlust der Wohnung, Angst, nicht mehr genug Geld zu haben für den Lebensunterhalt, Angst, die Partnerin, den Partner zu verlieren. Zusammen mit einer einfachen Ideologie, die die vermeintlichen Sündenböcke für diese Misere deutlich und eindeutig markiert, verunsichert dies ungemein. Dann wird versprochen, ganz schnell und einfach Abhilfe zu schaffen, indem die Sündenböcke in irgendeiner Weise entfernt werden. Ist das alles noch gekoppelt mit dem Versprechen, dass das Anliegen notfalls auch militant durchgesetzt wird, dann spüren die Geängstigten, dass sich hier jemand wenigstens noch um sie und ihre Verzweiflung kümmert. Etwas »machen« zu können oder die Aussicht »dreinschlagen« zu können, gibt die Möglichkeit, sich für einen Moment in der Ichaktivität zu spüren, was aber bereits wieder etwas entängstigt, indem die Hilflosigkeit vermeintlich überwunden ist; die Identität ist für einen Moment gerettet, aber eben nur für einen Moment.

Menschen in manipulatorischer Absicht zu ängstigen, ist etwas vom Unethischsten, was wir tun können, und doch wird es tagtäglich getan. Und man kann sich geradezu die Frage stellen, wie viel Angst zu setzen ist, damit Menschen einem ideologischen Programm in der Folge unkritisch folgen. Solcher Umgang mit der Angst ist nicht konstruktiv.

Wenden wir uns also wieder dem konstruktiven Umgang mit der Angst zu: Sicherheit aus der Hilflosigkeit heraus zu gewinnen, versuchen wir auch dadurch, indem wir einerseits die Angst, andererseits die Gefahren kontrollieren können. Wir sprechen dann auch von Angstkontrolle und von Gefahrenkontrolle.

Angstkontrolle: Unser Ich hat die Möglichkeit, unlustvolle Gefühle, Affekte, Wahrnehmungen, die uns gefährlich werden können, vom Bewusstsein fernzuhalten, indem wir etwa die Probleme rationalisieren, intellektualisieren, emotionalisieren etc. Wir können Abwehrmechanismen einsetzen. Das ist eine Leistung des Ichs, es nimmt damit gleichsam Schutz- und Bewältigungsaufgaben wahr. Sinn dieser Abwehrmechanismen, die gelegentlich auch Bewältigungsmechanismen genannt werden, wäre es, soviel Angst vom Ich wegzunehmen und damit soviel Selbstgewissheit zu schaffen, dass das Ich wieder in die Lage kommt, das anstehende Problem wirklich zu sehen und sich auch wieder auf die schöpferischen Potenzen zu besinnen. Diese Abwehrmechanismen helfen uns also, mit der Angst umzugehen. Werden sie indessen einseitig, können sie zum Beispiel Angstkrankheiten verursachen, dass Menschen immer mehr Angst haben und deshalb auch immer mehr abwehren müssen.

Gefahrenkontrolle: Sicherheit versuchen wir auch dadurch zu gewinnen, dass wir die Gefahren kontrollieren, also immer wieder versuchen, Gefahrenquellen im Leben auszuschalten, das Leben vermeintlich immer ungefährlicher zu machen, zum Beispiel durch Vorschriften und Gesetze, die die Gefahren minimieren oder gar ausschließen sollen. Unsere komplizierte Auseinandersetzung mit den Fremden, die auch in einer persönlichen Auseinandersetzung mit dem Fremden wurzelt, soll etwa durch Gesetze über Einwanderung entschärft und dadurch aus dem Bereich des Ängstigenden herausgeholt werden. Weil wir Angst haben, betrogen zu werden, gibt es ein Gesetz, das das Betrügen verbietet. Auch unsere Tendenz, gegen alles und jedes eine Versicherung abzuschließen, hat mit der Gefahrenkontrolle zu tun. Diese Art der Gefahrenkontrolle suggeriert uns, dass wir alle Gefahren im Griff haben und zumindest in den Griff bekommen könnten – alles ist machbar. Problematisch wird diese Form der gemeinsamen Angstbewältigung dann, wenn wir uns darauf verlassen, dass jede Gefahr auf diese Weise kontrolliert werden kann, aber auch kontrolliert werden muss. Diese Kontrolle muss dann von einer Gruppe initiiert werden, die diese Gefahr sieht. Die Problematik besteht darin, dass die Überängstlichen immer mehr Gefahrenkontrolle fordern, dadurch werden wir schließlich immer mehr Gesetze bekommen. Die Angst wird dann übrigens nicht mehr dort erlebt, wo sie hingehört, sondern verschoben erlebt, etwa als die Angst, gegen eines der vielen Gesetze zu verstoßen. So hat etwa ein Autofahrer Angst, eine Buße zu bekommen, weil er die Geschwindigkeitsbegrenzung überschritten hat, aber nicht, weil er mit seinem Rasen einen Menschen töten könnte. Die Angst hat dann ihren Sinn, zu warnen, verloren. Die Bewältigung der Angst wird so aber auch in die Obhut der Autoritäten gegeben, von denen man annimmt, dass sie sowohl die Gefahren erkennen können als auch wissen, wie ihnen zu begegnen ist. Das bedeutet aber weiter, dass der Einzelne politisch passiv wird, dass er oder sie sich anpasst; das heißt auch, dass das Handeln ichfremd bleibt, es deshalb letztlich, falls nicht zusätzlich Angst vor der Autorität besteht, nicht wesentlich ist, ob dieses Handeln stattfindet oder unterbleibt. Ichfremdes Handeln, Apathie im Zusammenhang mit der Lebenswelt bewirken aber, dass wir im Bereich der Ichaktivität, einem wichtigen Aspekt des Gefühls der Identität, geschwächt sind. Das heißt aber: Wir werden noch leichter durch Angst aus unserer Ruhe gebracht.

Was vorübergehend im Ungang mit der Angst helfen kann, diese erträglicher zu machen, wird, gewohnheitsmäßig angewendet, mehr Angst erzeugen.

Wird die Bedrohung aktuell erlebt, versucht man, die aktuell erlebten Befürchtungen zu analysieren, meistens auch mit anderen Menschen zusammen. Diesen Aspekt der Angstbewältigung heben die tiefenpsychologisch orientierten, analytischen Methoden in das Zentrum ihres Interesses. Sehen wir die Bedrohung dort, wo sie auch wirklich ist, sehen wir sie in etwa richtig? Wir wissen, dass wir die Bedrohungen nicht wirklich objektiv wahrnehmen können. Sie stehen einerseits immer in einem Zusammenhang mit unserer Lebensgeschichte, mit unserer persönlichen Geschichte der Bedrohungen, andererseits auch mit dem Grundvertrauen, das wir in das Leben haben, und das uns mehr oder weniger dazu befähigt, vertrauensvoll schwierige Situationen anzugehen.

Wenn eine Bedrohung erfahren wird, so steht damit auch immer ein Wert, der in Gefahr ist, im Zusammenhang. Die Angst wirksam bekämpfen können wir dann, wenn wir einen Wert, der in Gefahr ist, durch einen anderen, höheren Wert ersetzen können. So können zum Beispiel der Wert, das Gesicht unter keinen Umständen zu verlieren, durch den Wert, in einer Situation echt und authentisch zu reagieren, ersetzt werden – auch wenn man in einer Situation das Gesicht verliert. Der Wert einer makellosen Persona würde damit durch den Wert von mehr existenzieller Echtheit ersetzt. Der Wert der wenig veränderten statischen Identität könnte zum Beispiel ersetzt werden durch den Wert einer flexiblen Identität. Das wäre eine Identität, die in ständiger Veränderung und in einer Auseinandersetzung mit dem Fremden ist. Wir sind es gewohnt, in alten Wertordnungen zu denken. Doch gerade die Wertkrise könnte dazu führen, dass wir uns klar machen, welche neuen oder anderen Werte unsere bedrohten Werte zumindest für den Moment gültig ersetzen könnten.

In der therapeutischen Arbeit fällt zudem auf, dass in unseren Träumen und Fantasien vieles auftaucht, was Angst macht, sodass die jeweiligen Ängste auch in ihrer Genese deutlich werden, dass viele Situationen jedoch auch geradezu Angst bannen, Mut machen, zur Angriffslust stimulieren, zur Verteidigung von bedrohtem Liebgewordenen. Dabei werden durchaus – zunächst auf die Individuen bezogen – Lebenswerte deutlich, die nicht den gängigen Werten entsprechen und die zur Entängstigung beitragen könnten, wenn wir sie ernst nähmen.

Natürlich kann man sich ängstigende Situationen auch vorstellen und dann in der Vorstellung Lösungen finden. Man kann sich auch in ängstigende Situationen hineinbegeben und sich auf diese Weise der Angst stellen. Manchmal wird man sich in einer Therapie allerdings gar nicht so sehr mit der Angst beschäftigen, sondern mit dem Selbstwertgefühl. Man wird verstehen, ein hinreichend gutes Selbstwertgefühl zu erreichen. Das geschieht meistens, indem man ausschließt, was das Selbstwertgefühl immer wieder beeinträchtigt.

Je schlechter unser Selbstwertgefühl ist, umso leichter werden wir uns ängstigen. Mit einem besseren Selbstwertgefühl ängstigen wir uns weniger, und wir können dann die Angst, die wir erfahren, besser akzeptieren und daher auch produktiver mit ihr umgehen.

Aus: Verena Kast, Lebenskrisen werden Lebenschancen. Wendepunkte des Lebens aktiv gestalten

Den Sinn des Ärgers anerkennen

Was die Selbsterhaltung und die Selbstentfaltung, und zwar körperlich, psychisch und sozial, stört und beeinträchtigt, also minimiert, das löst unter anderem Ärger und Wut aus, besonders dann, wenn man die Störung oder die Beeinträchtigung als böswillig oder mutwillig erkennt, und auch dann, wenn die Beziehung zu dem Menschen, der oder die den Ärger auslöst, oder die betreffende Situation uns besonders wichtig sind. Unser Ärger ist größer, wenn eine Situation wenig beeinflussbar ist, wir uns ausgeliefert fühlen. Es ärgern uns natürlich nicht nur die Menschen, sondern auch Situationen können ärgern.

Eine große Ärgerquelle zum Beispiel ist Lärm oder eine Beleidigung unseres ästhetischen Empfindens, etwa wenn an der Stelle einer wunderbaren Meersicht plötzlich ein hässliches Haus steht.

Der Ärger energetisiert uns und macht uns mehr oder weniger dringlich darauf aufmerksam, dass etwas in unserer Selbstentfaltung oder in unserer Selbsterhaltung in Beziehung zu anderen Menschen und zur Welt nicht mehr stimmt, dass wir unsere Grenzen neu definieren oder anders mit ihnen umgehen müssen. Das bedeutet aber auch, dass der Ärger unabdingbar zum Menschsein gehört, bei dem es immer um Selbstbehauptung und um ein Aufgehobensein in einem Wir geht.

Wenn wir uns ärgern, dann sind Fragen der Selbsterhaltung, der Grenzen des Angenommenseins von anderen Menschen, der Bindung, des gegenseitigen Respekts und der Gerechtigkeit angesprochen; all diese Themen können und müssen neu bedacht, eine neue Einstellung zwischen dem Ich und dem uns ärgernden Anderen muss gefunden werden, im Idealfall eine Einstellung, die beiden gerecht wird, was aber nicht immer möglich ist. Diese Einstellungsveränderung aufgrund von Ärger vollziehen wir oft auch von uns fast unbemerkt:

Verlangt ein anderer Mensch immer zu viel von Ihnen, werden Sie sich eines Tages ärgern, dann nämlich, wenn Ihr Einsatz und das, was Sie dafür bekommen, nicht mehr in einem guten Verhältnis stehen, und Sie sich fragen: »Warum eigentlich immer ich?« Der Ärger hilft, dass Sie sich besser von den Wünschen eines anderen Menschen abgrenzen können. Damit werden Sie sich selbst besser gerecht, der Mensch, der es gewohnt ist, dass Sie seine oder ihre Wünsche erfüllen, wird seinerseits ärgerlich werden, und, erkennt er den Sinn des Ärgers, auch bei sich eine neue Grenzsetzung vornehmen, allerdings eine ihn einschränkende.

So ist der Ärger eigentlich immer der Anreiz zur Reflexion bestehender Beziehungen und bestehender Gewohnheiten, auch der eigenen, ein Anreiz etwas, was nicht in Ordnung ist, wieder in Ordnung zu bringen, Konflikte anzusprechen und Konflikte zu bereinigen, das heißt auch, sich selber und Beziehungen neu zu definieren, Nähe und Distanz neu zu bestimmen.

Nicht zu vergessen: Ärger belebt. Wenn Ärger und Aggression gehemmt werden, nehmen wir uns ein Stück Lebendigkeit weg. Deshalb ist es auch sehr wichtig, dass wir uns nicht erlauben, nur zu nörgeln. Wenn wir nörgeln, dann sind wir zwar etwas verärgert, aber wir lassen den Ärger nicht wirklich zu, und infolgedessen werden wir auch nichts verändern, wir sind nur immer etwas ärgerlich verstimmt. Nörgeln ist destruktiv und blockiert uns. Wir müssen lernen, uns entweder mit einer Sache einverstanden zu erklären, oder kundig unzufrieden zu sein, sodass wir den Ärger wirklich nützen können, um Situationen zu verändern.

Will man konstruktiv mit Ärger und Aggression umgehen, so gilt es, nicht nur das Lästige am Ärger zu sehen, auch wenn er sehr lästig sein kann, nicht nur das Destruktive zu sehen, das mit ihm in Zusammenhang stehen kann, sondern den Impuls, mit sich und mit den anderen neu und verantwortlich umzugehen. Dass bei destruktivem Umgang mit Ärger sehr viele Probleme entstehen können ist der Grund, weshalb wir aufgerufen sind, konstruktiv mit dieser Emotion, die im Zusammenleben so zentral wichtig ist, umzugehen.

Aus: Verena Kast, Sinn des Ärgers, Anreiz zur Selbstbehauptung und Selbstentfaltung

Ärgervorstellungen

Ärgervorstellungen sind mehr oder weniger visuell sichtbare Bilderfolgen, Imaginationen, manchmal auch Geschichten, die wie Filme vor unserem Auge ablaufen. In diesen Ärgerfantasien stellt man sich vor, was man jetzt am liebsten tun würde.

Erinnern Sie sich an eine Situation, in der Sie so richtig wütend waren, und vergegenwärtigen Sie sich, was Sie in dieser Situation gedacht oder was Sie vor Ihrem inneren Auge gesehen haben: Jetzt würde ich am liebsten …

Und das, was wir am liebsten würden, ist meistens nicht sehr salonfähig. Daher folgt oft sofort eine kognitive Bewertung. Wenn man zum Beispiel in der ersten Wut sagt: »Ich würde ihn jetzt am liebsten umbringen«, dann verwirft man diesen Gedanken rasch, denn die Ausführung kommt für uns nicht in Frage. Aber eingefallen ist es eben in der Situation der Wut dennoch. Oder man verwirft die Idee nicht sofort, sondern man stellt sich vor, welche Gegenaggression man mit der eigenen feindseligen Handlung auslösen würde. Es setzt ein komplexer kognitiver und imaginativer Prozess ein: Ich habe eine Ärgerfantasie, die ich verwirklichen möchte, ich stelle mir vor, dass ich mich dann besser fühlen würde, dass ich so etwas wie Genugtuung erleben würde und mein Selbstwert dann auch wieder reguliert wäre. Ich stelle mir aber auch vor, was das Ausführen meiner Ärgerfantasie möglicherweise bei den anderen Menschen auslöst, mit wie viel Strafe ich zu rechnen habe, mit wie viel Vergeltung, mit wie viel Rache – und dann revidiere ich meine Ärgerfantasie. Dieser Prozess geht bis zu einem Punkt, wo ich relativ sicher bin, dass ich keinen zu großen Ärger mit dem Realisieren meiner Ärgerfantasie haben werde, möglicherweise aber werde ich diese Ärgerfantasie gar nicht mehr in die Tat umsetzen müssen, die imaginative Beschäftigung damit hat genug entlastet und den Selbstwert stabilisiert.

Die Ärgerfantasien bilden einen Bereich, in dem wir unbewusst kreativ sind. Nach längerem Abwägen der Wirkung der jeweiligen Ärgerfantasien und der zu befürchtenden Gegenreaktion finden wir zu einem Kompromiss, der uns stimmig erscheint und dessen mögliche Folgen wir uns zumuten können und wollen. Erst dann – wenn überhaupt – erfolgt das feindselige oder das aggressive Handeln. Gelegentlich genügen auch die Fantasien. Oft ist die Ärgervorstellung auf den Menschen gerichtet, der Wut erregt. Sie ist aber auch gar nicht so selten auf sich selber gerichtet: Warum habe ich nur …? Oft ist es so, dass bestimmte Menschen entweder immer eine Wut auf die anderen oder immer eine Wut auf sich selbst haben. Dies für sich selbst herauszufinden ist wichtig, um die Opfer-Aggressor-Thematik besser zu verstehen.

Eine Übung

Entspannen Sie sich, und suchen Sie einen Ärger, den Sie in letzter Zeit gehabt haben und den Sie noch gut erinnern. Sie müssen vielleicht ein bisschen suchen. Fragen Sie sich genau, was es war, und versuchen Sie einmal herauszufinden, welches die erste spontane Ärgervorstellung war. Was hätten Sie am liebsten getan? Dann fragen Sie sich, warum Sie es nicht getan haben und wie Sie dann mit der Ärgerfantasie weiter umgegangen sind.

Ein jüngerer Mann erzählte in diesem Zusammenhang, er habe sich sehr geärgert, weil ein Kollege seinen Vorschlag, wie ein freier Abend gestaltet werden könnte, als »kindliches Vergnügen« abgetan hätte. Zuerst habe er daran gedacht, ihm die Senfsauce über die ondulierten Haare zu schütten, da sei ihm eingefallen, dass er sich auf keinen Fall so gekränkt zeigen könne. Er habe sich dann dazu entschlossen, ihn nicht mit seinem Auto nach Hause zu bringen, diesen Gedanken verwarf er ebenfalls, und er entschloss sich, einfach jeden noch so blöden Vorschlag von diesem Kollegen enthusiastisch aufzunehmen, aber keinerlei Arbeit dafür zu übernehmen. Aus der Ärgerfantasie wurde eine relativ elegante Rachehandlung.

Beschäftigen wir uns mit Ärgerfantasien, dann spüren wir, welch vitale Emotion die Aggression ist. In ihr liegt eine große Energie. Ärger ist etwas, das uns ungeheuer aktivieren kann.

Wenn es Ihnen gelungen ist, sich an eine Ärgerfantasie zu erinnern, dann könnten Sie sich jetzt fragen, ob diese Vorstellung typisch oder atypisch für Sie ist. Haben Sie sich entschlossen, Aggressor bzw. Aggressorin zu sein, oder haben Sie sich entschlossen, mehr auf die Opferseite zu gehen? Auf der Opferseite wäre man zum Beispiel einfach sehr gekränkt, traurig, oder man würde im unpassendsten Moment unpässlich werden usw. Verhalten Sie sich oft so?

Es ist aber gar nicht so einfach, die Ärgervorstellungen zu fassen. Hat man sich einmal von der Idee befreit, dass man selber keine Ärgervorstellungen hat, dann ist es sehr spannend, herauszufinden, was einem alles so in den Sinn kommt, wenn man sich ärgert, und wie kreativ man in den Ärgerfantasien ist.

Aggression als Grenzverschiebung

Die erste wichtige Funktion der Aggression ist das Setzen und das Verschieben von Grenzen. Mit Hilfe der Aggression bestimmen wir immer wieder unsere Grenze und unseren jeweiligen psychischen Raum. Für die Mitmenschen ist das ebenfalls die Grenze, die wir ziehen, der Raum, den wir beanspruchen. Hier entstehen natürlich Konfliktmöglichkeiten, etwa in der Unterscheidung zwischen »meinem« Machtbereich und »deinem« Machtbereich, aber auch »meinem« Wirkungsbereich und »deinem« Wirkungsbereich.

Grenzen können respektiert oder auch verletzt werden. Diese Grenzsetzungen und Grenzverletzungen haben stets auch einen Zusammenhang mit unserem Selbstwertgefühl. Wir Menschen haben eine große Freude daran, etwas zu bewirken.[30] Haben wir das Gefühl, nirgends irgendetwas bewirken zu können, dann kümmern wir vor uns hin. Es muss nicht viel sein, was wir tatsächlich bewirken, wichtig ist das Gefühl, etwas bewirken und verändern zu können. Wenn unser Wirkungskreis enorm eingeschränkt wird, dann erleben wir, dass wir uns in der Vitalität, in der Lebenskraft, vielleicht sogar im *élan vital*, gebremst fühlen, und das macht uns zumindest ärgerlich, wenn nicht sogar depressiv. Wir werden also immer wieder intuitiv versuchen, unsere Grenzen, innerhalb derer wir etwas bewirken, etwas zu erweitern, die Grenzsetzungen, die uns von außen aufgezwungen werden, nicht zu akzeptieren, die Grenzen zumindest etwas hinauszuschieben. Und das tun wir mit einer aggressiven, entschlossenen, allerdings nicht notwendigerweise feindseligen Überlegung oder Handlung.

Die erste sehr wichtige Funktion der Aggression ist also, sich abzugrenzen. Es ist sinnvoll, sich selbst zu fragen, wie man sich abgrenzt. Wir müssen uns ja alle immer wieder abgrenzen. Eine zweite Funktion von Aggression ist, dass wir unsere Grenzen verteidigen: Bis hierher und nicht weiter. Oder dass wir zu jemandem sagen: »Ich nehme zwar die Beschwerde an, aber nicht auf diese Weise.« Diese Abgrenzungen sind stets verbunden mit einer bestimmten Gestik. Oft markieren sie die Körpergrenzen. Achten Sie einmal darauf, wie weit Sie Ihre Hände vom Körper entfernen, um sich abzugrenzen. Man kann auch neue Grenzen setzen; und wird man expansiver, indem man neue Räume einnehmen und besetzen will, dann hat das fast immer Friktionen zur Folge. Meistens sind dann auch die anderen Menschen dazu gezwungen, ebenfalls eine Grenzbereinigung vorzunehmen.

Dieses gegenseitige Sich-Abgrenzen ist ein dynamischer Prozess zwischen verschiedenen Menschen, und solange dieser Prozess mit der nötigen Rücksichtnahme und Geschmeidigkeit vonstattengeht, verläuft er weitgehend unbewusst. Man kann Grenzen aber auch zerstören. Willentlich, durch sogenannte Übergriffe – damit dringt man ungehörigerweise in das Leben eines Menschen ein, verletzt auch sein oder ihr Selbstkonzept – oder eher zufälligerweise, indem man eine Grenze eines anderen Menschen durch das Setzen einer neuen eigenen Grenze stört, vielleicht sogar zerstört.

Dass wir uns täglich abgrenzen, fällt nur dann auf, wenn jemand unsere Grenzen sehr deutlich übertritt. In der Regel sind wir nicht grenzbewusst. Immerhin ist das Thema Grenzüberschreitung in den letzten Jahren als Thema präsenter geworden. Bei schweren interpersonellen Grenzüberschreitungen sprechen wir von Übergriffen, etwa von dem sexuellen Übergriff.

Es gibt indessen viele kleinere Grenzüberschreitungen, die den Alltag erschweren. So gibt es zum Beispiel Menschen, die kommen einfach zu nahe an einen heran, so nah, dass man immer weiter zurückweicht, bis man dann mit dem Rücken an der Wand steht und sich nur noch seitlich entfernen kann. Oder man bleibt eben mit dem Rücken zur Wand stehen, in einer verletzlichen Position.

Man fühlt sich von ihnen bedrängt und in den eigenen Grenzen nicht respektiert.

Oder es gibt Menschen, die haben eine gewisse Art, einen einzuwickeln. Die gehen einem irgendwie unter die Haut, ohne dass man dazu ein Einverständnis gegeben hätte. Diese Menschen merken das meistens in der Regel gar nicht, sie haben sich seit jeher so benommen und werden, für sie unverständlicherweise, immer wieder mehr oder weniger aggressiv in die Schranken gewiesen. Auch in dieser Situation haben wir das Gefühl, wir müssten unsere Grenzen verteidigen, was gelegentlich gar nicht so einfach ist: Denn die Haut erleben wir als wesentliche Grenze.

Spielerisch stecken wir Grenzen in vielen kommunikativen Situationen ab. Man spricht miteinander, spürt, dass man in eine etwas gefährliche Zone kommt, geht nicht mehr weiter im Gespräch und belässt zum Beispiel ein Geheimnis im Dunkeln. Oder aber man überschreitet die Grenzen dann erst recht ein wenig und hört erst auf, wenn man spürt, dass man dem anderen Menschen wirklich zu nahe gerückt ist. Grenzziehung ist auch die Bestimmung von Nähe und Distanz. In diesem Zusammenhang würde ich aber nie von Aggressor und Opfer sprechen, sondern hier findet eine spielerische Auseinandersetzung statt, die man wahrscheinlich noch nicht einmal bewusst bemerkt: Es ist ein Spiel an der Grenze und ein Spiel mit Grenzen. Es könnte grenzbewusster machen, gelegentlich enthüllt es auch etwas, was normalerweise nicht anderen Menschen eröffnet wird; manchmal hilft es einem Menschen, sich in einer guten Weise mehr zu öffnen.

Neben der lustvollen Funktion der Aggression im Zusammenhang mit Grenzsetzung gibt es auch die zerstörende Funktion. Destruktion kann man auch als Zerstörungswut bezeichnen: Die schönen Fremdwörter verstellen gelegentlich den Blick auf die Wirklichkeit. Der Ausdruck »Zerstörungswut«, also eine Wut, die zur Zerstörung aktiviert, macht anschaulicher, worum es geht, als der Ausdruck »Destruktion«: Es schwingt viel mehr Wut mit. Zerstörungswütig werden wir dann, wenn wir Grenzen wirklich zerschlagen müssen und wenn wir sehr viel Angst haben. Hier kommt nun das Thema Selbstvertrauen wieder ins Spiel. Wer das Selbstvertrauen hat, selbst etwas bewirken zu können, Grenzen setzen zu können, sich Respekt für die eigenen Grenzen verschaffen zu können, der oder die muss eigentlich nicht zerstören. Zerstören müssen wir dann, wenn wir Angst haben, nichts bewirken zu können, wenn wir befürchten, dass die Grenzen, die uns beeinträchtigen, unverrückbar sind. Dann werden wir entweder zerstörungswütig werden oder aber den anderen Menschen ganz starre Grenzen entgegensetzen. Menschen, die starre Grenzen aufrechterhalten, wenn man ihnen zu nahe kommt, können plötzlich eine gewisse Zerstörungswut zeigen. In den Siebzigerjahren hat es Therapiemethoden gegeben, die jeweils den »Panzer der Menschen« knacken wollten. Ein solcher »Panzer« gilt als eine Folge der harten Grenzsetzungen. Unterdessen ist es klar geworden, dass unter geknackten Panzern sich meistens sehr versehrte Haut befindet. Es ist besser, zunächst die Haut heilen zu lassen und dann zu warten, bis der Panzer von selber weggelassen werden kann. Das heißt, es ist wesentlich zu verstehen, dass hinter diesen starren Grenzziehungen ein labiler Selbstwert verborgen ist, vielleicht auch zu viele Verwundungen, und dass dieser Selbstwert zunächst stabilisiert werden muss, bevor die starren Grenzen geopfert werden können. Menschen, die sehr starre Grenzen behaupten, provozieren indessen zu Grenzüberschreitungen. Damit möchte man den Menschen hinter der starren Grenze treffen.

In der Intention der Grenzverschiebung findet eine dynamische Auseinandersetzung zwischen Widerstand und Angriff statt. Wenn kein Widerstand da ist, dann läuft auch ein Angriff ins Leere. Dann kann man auch nicht erfahren, wo die eigenen Grenzen sind. Das spielt eine wichtige Rolle auch in der Erziehung: Kinder müssen Grenzen erleben. Wenn wir einander keine Grenzen setzen, dann können wir diese Intention der Grenzverschiebung nicht entwickeln. In dieser Auseinandersetzung geschieht Selbstbehauptung. Wenn ich weiß, dass ich mich selber behaupten und auseinandersetzen kann, gibt mir das ein verhältnismäßig gutes Selbstwertgefühl. Mit anderen Worten: Ich kann selber entscheiden, wo meine Grenze ist. Damit ist ein Gefühl von Sicherheit und Würde innerhalb der selbstgesetzten Grenzen verbunden. Deshalb reagieren wir immer so ungeheuer aggressiv, wenn Menschen unsere Grenzen überschreiten. Die meisten von uns bemerken dies aber nur, wenn andere bei ihnen die Grenzen überschreiten. Es ist viel schwieriger, sich klar zu werden, wo man selber die Grenzen der anderen überschreitet. Wo die anderen einem ins Gehege kommen, zu nahe kommen, also an die Haut gehen oder darunter, das merken wir in der Regel recht früh. Aber wenn wir uns anderen gegenüber genauso verhalten, so tun wir dies in der Regel relativ unbewusst. Allerdings bekommen wir natürlich Rückmeldungen, wenn wir uns so verhalten haben.

In diesem Bereich der Aggression, im Bereich der spielerischen Auseinandersetzungen, der Selbstbehauptung in der Auseinandersetzung oder Abgrenzung innerhalb der Beziehung, gibt es keine wirklichen Angreifer und keine wirklichen Opfer. Der Übergang ist aber fließend. Funktioniert das Zusammenspiel nicht mehr, ist es kein dynamisches Miteinander mehr, dann haben wir plötzlich Angreifer und Opfer. Die Aggressionshemmung bewirkt nämlich, dass die dynamische Auseinandersetzung nicht funktioniert. Infolgedessen hat jemand zum Beispiel entweder eine relativ starre Grenze, da kommt niemand mehr an die betreffende Person heran. Oder alles geht ihr schnell unter die Haut. Keine Reaktion ist mehr möglich, allenfalls noch eine passive Aggression etwa in dem Sinn, dass man sagt, dass man einfach nicht verstanden hat oder nichts gehört hat, obwohl man durchaus verstanden oder gehört hat.

Eine Übung

Entspannen Sie sich. Stellen Sie sich eine Situation vor, in der Sie sich abgrenzen oder in der Sie Ihre Grenze verteidigen oder in der Sie Grenzen von jemandem überschreiten. Nehmen Sie einfach wahr, was Ihnen dazu einfällt. Welche Situationen fallen Ihnen ein, welche Gefühle verbinden Sie damit?

Beim Sich-Abgrenzen fällt einer Frau ein, dass ihr Mann die Angewohnheit hat, oft zu sagen: Wir fühlen uns in dieser Situation überfordert. Sie stellt sich vor, dass sie ihm sagt: Du fühlst dich überfordert, ich überhaupt nicht, ich fühle mich herausgefordert. Diese imaginative Aktion ist verbunden mit einem Gefühl der Befreiung, der Autonomie, einem Zuwachs an einem Gefühl des Selbstseins.

Ihre Grenzen verteidigte sie, als sie einem Betrunkenen, der sie unflätig beschimpfte, ruhig, aber mit großer Deutlichkeit sagte, er solle sofort schweigen, oder sie werde Hilfe holen. Zuerst spürte sie Angst, dann wunderte sie sich, dass sie so mutig war und nicht einmal die Polizei als Drohmittel in den Mund nahm.

Als Episode, in der sie eine Grenze überschreitet, fällt ihr ein, dass sie einen Brief von einer ihr nicht bekannten Firma, der an ihren zehnjährigen Sohn gerichtet war, geöffnet hatte. Sie schämte sich deswegen, rechtfertigte sich dessen sofort: Man hat doch eine Aufsichtspflicht.

Diese Übung sollte auf die Art des Abgrenzens aufmerksam machen, wie wir sie normalerweise eher unbewusst praktizieren.

Je nachdem, wie man nun mit diesen aggressiven Grenzsetzungen umgeht, wird man leichter zu einem Opfer oder eher zu einem Angreifer oder einer Angreiferin. Da diesen Grenzsetzungen der Umgang mit Ärger vorausgeht, kann man verschiedene typische Reaktionen auf Ärger unterscheiden; das heißt, Menschen gehen unterschiedlich mit dem Ärger um, spüren ihn unterschiedlich, kontrollieren ihn unterschiedlich und wehren ihn auch unterschiedlich ab. Ich versuche im Folgenden eine lockere Einstellung, die man selbstverständlich differenzieren und auch ergänzen könnte und die in der geschilderten Ausschließlichkeit im realen Leben nicht so vorkommt.

Aus: Verena Kast, Abschied von der Opferrolle. Das eigene Leben leben

Schuldgefühle

Ärgern wir uns, so sind wir überzeugt, uns sei Unrecht geschehen, und dieses Unrecht müsse getilgt werden. Der Mensch, der uns Unrecht getan hat, soll es wieder gutmachen, soll die Sache, um die es geht, wieder in Ordnung bringen. Es soll wieder Gerechtigkeit hergestellt werden. Auch diese Überzeugung bringen wir zum Ausdruck, indem wir unseren Ärger deutlich machen und die vermisste Fairness – gelegentlich ziemlich lautstark – reklamieren. Der Kontrahent, die Kontrahentin, weiß dann, was angemahnt wird, kann sich entschuldigen, wird vielleicht auch mit Schuldgefühl reagieren: Es tut ihm oder ihr leid – und oft wird dann die Frage gestellt: Wie kann ich es wieder gutmachen? Was brauchst du, damit das wieder in Ordnung kommt?

Der Mensch, der sich ärgert, kann sich aber auch verstimmt zurückziehen und gibt dadurch zum Ausdruck, dass etwas ganz und gar nicht in Ordnung ist. Im Unterschied zum offen angesprochenen Ärger wird nicht klar, was eigentlich vorgefallen ist. Ist man Verursacher oder Verursacherin einer solchen Verstimmung, dann weiß man nur, dass man etwas falsch gemacht hat, dass man etwas in Ordnung bringen sollte, aber man weiß oft nicht, worum es eigentlich genau geht. Ist man begabt für Schuldgefühle, wird man auf eine vorwurfsvolle oder leidende Miene mit einer Mischung aus Schuldgefühlen und Ärger reagieren und sich Mühe geben, je nachdem welche Emotion vorherrscht, die Sache wieder zu bereinigen oder aber selber ärgerlich werden oder sich ebenfalls in sich zurückziehen.

Man bräuchte die Schuldgefühle nicht zu wecken: Die meisten Menschen haben ein Unrechtsbewusstsein. Wenn wir wahrnehmen, dass wir einem anderen Menschen etwas angetan haben, was unseren moralischen Maßstäben nicht entspricht, reagieren wir mit Schuldgefühlen und mit Reue und bieten in irgendeiner Form Wiedergutmachung an. Gelegentlich ärgert sich aber jemand über uns, und wir sind uns keines Fehlverhaltens bewusst, das den Ärger für uns nachfühlbar macht. Das kommt sogar recht häufig vor. Dann wird es schwierig. Man kann nicht einfach eine Schuld, die einem zugewiesen wird, ohne Prüfung der Situation übernehmen. Denn es gibt Menschen, die mit leichter Hand anderen die Schuld zuschieben, um sich selbst nicht schuldig fühlen zu müssen, oder einfach, weil sie überzeugt sind, selbst immer alles richtig zu machen. Alles, was nicht richtig ist, ist dann die Schuld von anderen Menschen. Sie delegieren ihren Schatten. Dennoch reklamieren sie Schuldgefühle, verlangen deutliche Zeichen der Reue und wollen eine Entschuldigung. Aber gerade diesem Begehren kann man nicht entgegenkommen, wenn man sich und seine Gefühle in der Situation ernst nimmt, weil man sich keiner Schuld bewusst ist.

Manchmal hilft die Frage, warum man sich jetzt schuldig fühlen sollte.

Kein Schuldgefühl zu spüren bedeutet aber nicht, dass wir keinen Grund für ein Schuldgefühl haben. Es kommt immer wieder vor, dass wir die durchaus vorhandenen Schuldgefühle verdrängen und deshalb im Moment keinen Zugang mehr dazu finden können. Es sind wohl mehr noch die dahinter verborgenen Schamgefühle darüber, dass wir uns so benommen haben, wie wir es von uns nicht akzeptieren können. Indem wir die Scham- und Schuldgefühle verdrängen oder sie unserem Konfliktpartner oder unserer Konfliktpartnerin delegieren, können wir unser Selbstwertgefühl regulieren: Wir fühlen uns dann etwas besser. Aber das Problem ist damit in keiner Weise gelöst.

Schuldgefühle sind unangenehme, quälende Gefühle. Man hat etwas falsch gemacht, man ist schuld daran, dass ein anderer Mensch beeinträchtigt ist. Schuldgefühle haben den Sinn, uns darauf hinzuweisen, dass wir etwas wieder gutmachen müssen, dass wir etwas in die Verantwortung nehmen müssen. Wir wollen aber auch Unrecht sühnen, Ungerechtigkeit wieder in Gerechtigkeit überführen und uns dabei auch versöhnen. Vielleicht, weil man die befürchtete Rache abwenden möchte, vielleicht, weil es ein tiefes Bedürfnis ist, die Sache wieder ins Reine zu bringen und sich mit dem Menschen, mit dem man einen Konflikt hat, zu versöhnen.

Über-Ich-Schuldgefühle kann man vom Gewissen unterscheiden. Wir haben im Laufe der Erziehung Verbote, Gebote, Normen und Werte verinnerlicht. Wir wissen, was man tun soll und was man lassen soll. Handeln wir diesen Geboten zuwider, können wir mit einem Schuldgefühl reagieren. Menschen setzen sich im Zuge ihrer weiteren Entwicklung damit auseinander, ob diese Gebote wirklich für sie stimmen, oder ob sie nur in bestimmten Situationen stimmen. Dadurch entwickeln sich unsere eigenen Werte, denen wir uns verpflichtet fühlen.

Das Gewissen wird als eine innere Stimme verstanden, die uns sagt, dass etwas nicht in Ordnung ist. Andere Menschen mögen ein bestimmtes Verhalten akzeptieren, aber wir selber fühlen, dass es so nicht stimmt. Die Schuldgefühle, die von der Stimme des Gewissens verursacht sind, die »Gewissensbisse«, sind schwer zu ertragen. Gerade diese Gewissensbisse sind deutlich verbunden mit Scham, einer Scham darüber, dass man hinter den eigenen Werten zurückgeblieben ist. In diesen Zusammenhängen packt uns die Reue darüber, dass wir uns verhalten haben, wie wir uns verhalten haben.

Auch das Gewissen ist verbunden mit den prosozialen Gefühlen: Wir ärgern uns nicht nur über andere Menschen, sondern wir lieben sie auch, wir wollen ihnen Gutes tun, vor allem aber wollen wir sie meistens nicht in ihrem Lebensgefühl beeinträchtigen. Wir haben auch die Fähigkeit zur Empathie: Wir wissen, wie sich etwa eine schwere Kränkung anfühlt, denn wir können uns emotional in einen anderen Menschen einfühlen, und wir wissen zudem kognitiv, welche Gedanken und welche Fantasien dadurch ausgelöst werden. Aber gerade die Tatsache, dass wir uns in einen anderen Menschen einfühlen können, bedeutet nicht, dass wir ihn oder sie notwendigerweise gut behandeln. Wir können ihm oder ihr schaden wollen, und das tun wir dann auch, selbst wenn wir das hinterher bedauern mögen. Wenn der Mensch frei ist, dann ist er auch frei, Gutes oder Böses zu wollen.

Die prosozialen Gefühle, die Fähigkeit zur Empathie und das Gefühl für Gerechtigkeit, verbunden mit der Überzeugung, dass Dinge auch wieder in »Ordnung« gebracht werden müssen, lösen Schuldgefühle aus. Und diese bewirken, dass wir uns fragen, was wir in die Verantwortung nehmen sollten und wie wir wieder eine gerechtere Ordnung herstellen können. Unser Ärger und unsere prosozialen Gefühle sollten ausbalanciert werden. Um das zu können, müssen wir auch um unsere eigenen schwierigen Seiten wissen und sie in der jeweiligen Situation auch anerkennen. Wir müssen um unseren Schatten wissen.

Aus: Verena Kast, Wenn wir uns versöhnen

Scham zulassen

In einem Konflikt, der auch in einen Streit ausarten kann, geht es oft um Beschämung und um die Abwehr dieser Beschämung durch Wut. Daran ist zu denken, wenn wir versöhnlicher werden wollen.

Scham ist die Angst, bloßgestellt zu werden, in einem Kern gesehen zu werden, der nur für uns selbst bestimmt ist. Wenn wir uns schämen, haben die Mitmenschen unsere Grenzen ganz entschieden überschritten, sind uns unter die Haut geraten, bis an unseren Kern vorgedrungen.

Die Scham ist eine sehr unangenehme Emotion. Wenn wir uns schämen, würden wir uns am liebsten in einem Mauseloch verkriechen, wir wären dankbar, wenn der Boden uns verschlingen würde. Diese Bilder zeigen uns, dass wir vor lauter Scham am liebsten nicht mehr existieren würden, zumindest nicht für die Augen der anderen. Wir projizieren den verachtenden Blick auf unsere Mitmenschen – sie schauen uns mit verachtenden, uns zerstörenden Augen an.

Scham kann aber auch in mitmenschlichen Beziehungen immer wieder erlebt werden: »Schäm dich!«, das ist ein Ausdruck, den viele von uns aus der Kindheit kennen, etwa, wenn wir uns zu ausgelassen, zu provozierend, zu »schamlos« gebärdet haben. Und auch als Erwachsene fangen wir gelegentlich einen Blick eines Mitmenschen auf, der uns sehr deutlich sagt, dass wir uns jetzt eigentlich schämen müssten. Wenn die Scham kein Thema aus der Kindheit ist, wenn sie keinen lebensgeschichtlichen Überhang hat, werden wir diese Blicke gelassen ertragen und die Situation selber bewerten und unser Verhalten allenfalls kontrollieren. Standen wir aber schon als Kind unter dem Eindruck, dass es immer wieder Menschen gibt, die uns beobachten, die nur darauf warten, dass wir uns schamlos verhalten, dann haben wir diesen »bösen Blick« verinnerlicht. Wir selber beobachten uns immer wieder mit diesem bösen Blick und verurteilen uns, schämen uns.

Nun hat die Scham durchaus auch ihren Sinn. Würden wir uns nicht gelegentlich schämen, so wären wir wohl unverschämt, würden uns schamlos benehmen, würden uns schamlos bereichern. Das geschieht ja auch. Das Schamgefühl ist also ein Schutz: Als Takt, als Dezenz, als Diskretion zeigt es sich in seiner Funktion, weder dem anderen Menschen noch sich selber zu nahe zu treten, niemanden bloßzustellen.

Die Scham steht im Dienste des richtigen Maßes: Was können wir uns nehmen im Leben, wie weit können wir uns zeigen, wie weit müssen wir uns einpassen, anpassen?

Wenn wir uns zu sehr zeigen von unseren guten Seiten, können wir damit auch den Neid der Mitmenschen provozieren. Scham und Neid interagieren miteinander: Verdirbt uns jemand die Freude, vielleicht aus Neid, dann schämen wir uns. Wenn wir uns freuen, zeigen wir uns in einer glückhaften Weise. Etwas ist besser, schöner, befriedigender, als wir erwarten konnten, ein Grund zur Freude, und diese Freude drücken wir auch aus. Wir kontrollieren uns weniger als üblich, stehen mehr zu uns. Wir möchten, dass die anderen Menschen sich gemeinsam mit uns freuen, wir möchten, dass sie mit unserer Freude in Resonanz treten.

Nicht jeder lässt sich aber so leicht von der Freude eines anderen Menschen anstecken. Sie kann Neid auslösen. Da geht es einem anderen Menschen so viel besser als uns selber, dabei hätten wir es doch verdient. Natürlich kann man auch traurig darüber sein, dass man die Freude nicht teilen kann. Sind wir aber neidisch und drücken wir diesen Neid auch aus, dann umgibt uns eine Atmosphäre des Neides statt eine Atmosphäre des Gönnens, und das kann auf den Mitmenschen zurückwirken, der sich freut. Eine häufige Reaktion ist Scham: In der Freude haben wir zu viel von uns gezeigt, haben uns zu sehr exponiert, einen anderen Menschen damit neidisch gemacht – und dieser hat uns durch seinen Neid in die Schranken gewiesen. Das löst oft Scham aus, die wir gegebenenfalls rasch mit Ärger abwehren, von der Scham sprechen wir dann aber nicht. Vom Neid auch nicht. (...)

Konfrontiert man sich mit den eigenen Schuld- und Schamgefühlen, dann wird man sich fragen, wie man aufeinander eingewirkt hat, dass es zu einer Eskalation von Ärger, von aggressiven, beleidigenden, destruktiven Handlungen gekommen ist.

Gerade in engen menschlichen Beziehungen, in Liebesbeziehungen, sind die Beteiligten ja nicht angetreten, um einander zu bekriegen und sich gegenseitig zu beschämen, sondern um einander zu einem guten Leben zu verhelfen. Deshalb ist die Frage, was denn geschehen ist, dass man so destruktiv miteinander umgeht, eine wichtige Frage. Geht man dieser Frage nach, erinnert man sich auch an die frühe Zeit der Beziehung und daran, dass diese Beziehung eine Geschichte hat und einmal eine Liebesbeziehung war, in der viele gute Erfahrungen möglich waren. In jeder Beziehung ist wesentlich mehr als das, was den aktuellen Konflikt ausmacht. Diese Erinnerungen relativieren die aktuellen Schwierigkeiten: Nicht in dem Sinne, dass sie verharmlost werden, aber doch so, dass deutlich wird, dass die Beziehung nicht nur aus Konflikten besteht. Eine solche Einsicht hebt aber sofort wieder die Grundstimmung und das Selbstwertgefühl, und man kann sich wieder besser in den anderen Menschen einfühlen. Dann ist man auch bereit, miteinander zu rekonstruieren, wie der aktuelle Hauptkonflikt im Laufe des Zusammenseins nicht gelöst wurde und wie sich auf beiden Seiten immer mehr verdrängter Ärger, Schamgefühle und Wut aufgestaut haben. Und wenn man Glück hat, wird deutlich, welches Problem, möglicherweise auch welche Entwicklungsnotwendigkeit in die Verantwortung genommen werden muss.

Aus: Verena Kast, Wenn wir uns versöhnen

Ressentiment und Neid

Der Neid ist das Gefühl, das uns daran erinnert, dass wir auch ein anderer oder eine andere sein könnten. Neiden wir, dann stellt sich uns die Frage, ob wir genug aus unserem Leben machen oder ob das, was wir beneiden, ebenso als Herausforderung verstanden werden könnte, andere Aspekte unserer Persönlichkeit auch zu verwirklichen. Der Neid kann uns andererseits aber auch darauf hinweisen, dass unser Selbstbild revidiert werden muss, dass unser Selbstbild und die Möglichkeiten der Selbstverwirklichung in unserem Leben nicht miteinander übereinstimmen, also neu aufeinander abgestimmt werden müssen. Gelingt es, Neid in kleineren Dosen zuzulassen und ihn in seiner Aufforderung zu verstehen, kann das Selbstbild verändert und das Selbstwertgefühl verbessert werden. Dahin ist es aber oft ein weiter Weg. Viel eher ist es so, dass Neiderreger und Neiderregerinnen »zerstört« werden müssen. Wer Neid erregt, muss aus dem Weg geschafft werden oder sichtbar überflügelt werden. Wer neidet, sieht den Neiderreger oder die Neiderregerin als vom Schicksal bevorzugt. Die große Mutter hat mit einem Füllhorn alle ersehnten Eigenschaften über diese Menschen ausgegossen, der Neider, die Neiderin ist zu kurz gekommen – und das ist ungerecht. Noch ungerechter aber ist, dass sie sich im Griff eines Dämons fühlen, einer inneren Instanz, die unerbittlich von ihnen verlangt, mindestens so viel wie der Beneidete zu haben, zu schaffen, zu sein, auch wenn er oder sie ganz andere Voraussetzungen hat. Neiden zu müssen ist ein außerordentlich qualvoller Zustand. Um gönnen zu können, braucht es zunächst das Wissen darum, dass der andere Mensch ein anderer ist, mit einem anderen Schicksal, mit anderen Aufgaben. Und dann gehört weiter dazu, dass man sich selber akzeptiert, mit den eigenen Möglichkeiten, Schwierigkeiten und Aufgaben. Solange das nicht möglich ist, muss der Neider den Neiderreger oder die Neiderregerin auf irgendeine Weise »zerstören«, zumindest hassen.

Nach der Theorie des Neides würde man Karl unter die aggressionsgehemmten destruktiven Neider einreihen. Das sind die Neider, die gar nicht zur Kenntnis nehmen, dass ein anderer Mensch etwas Besonderes geschaffen hat. Sie benehmen sich, als wäre einfach überhaupt nichts geschehen. Bei Menschen mit einer narzisstischen Problematik, die vor allem sich selber wahrnehmen und den anderen Menschen, das Du, die Welt, aber vielleicht auch das Andere im Sinne von etwas Größerem, das Menschen umfängt, nicht zur Verfügung haben, leuchtet dieser Umgang mit Neid ein. Für den Neiderreger oder die Neiderregerin ist dieses Verhalten allerdings äußerst kränkend und wird als destruktiv erlebt.

Der Neid zeigt uns, dass wir mit uns nicht einverstanden sind, dass wir aber auch mit dem Leben nicht einverstanden sind. Wir sind nicht nur nicht versöhnt mit den anderen Menschen, sondern auch unversöhnt mit uns und mit dem Leben an sich.

Das Ressentiment besteht geradezu darin, dass man davon ausgeht, dass es die anderen besser haben als man selbst und dass das in hohem Maße ungerecht ist. Bloß Gerechtigkeit schaffen, das schafft man nicht. Neid und Ressentiments vergiften Beziehungen: Was gut sein und einem das Leben erleichtern könnte, wird nur unter dem schlechten Aspekt wahrgenommen. Und schuld ist natürlich der andere, schuld ist das Leben.

Der uneingestandene Neid ist das Hindernis, um sich mit einem anderen Menschen zu versöhnen. Es sind die Destruktion und der Hass, unbenannt zwischen den Kontrahenten stehend, die die Empathie vereiteln, die notwendig wäre, um sich zu versöhnen. Und obwohl dieser Neid verdrängt oder abgespalten wird, dem bewussten Handeln wenig zugänglich, legt sich über jeden Konflikt, der Neid auslöst, eine Atmosphäre des Neides. Dadurch kann auch der Konflikt nicht wirklich erkannt werden.

Aus: Verena Kast, Wenn wir uns versöhnen

Versöhnlichkeit als Persönlichkeitszug

Es gibt versöhnlichere und weniger versöhnliche Menschen. Wer mehr mit freudigen, interessierten Augen angeblickt worden ist, wird es leichter haben, versöhnlich zu sein, – mit sich, mit anderen, mit dem Leben –, als wer oft mit bösen, hasserfüllten Augen angestarrt worden ist und sich insgeheim selbst immer wieder auch so böse anstarrt. Eine versöhnliche, liebevolle Haltung der Eltern wird auch Muster für versöhnliches Verhalten im Kind aktivieren: Versöhnliches Verhalten ist dann zumindest vorstellbar, sich selber gegenüber, aber auch anderen gegenüber.

Während Kinder heranwachsen, gibt es viele Situationen, die Ärger auslösen – auf der Seite der Eltern, aber auch auf der Seite des Kindes. Trotz allem Ärger: In der Regel dominiert die Liebe über den Ärger. Das Kind, das die Eltern geärgert hat, spürt den Ärger, spürt die Konsequenzen, kann aber immer auch wieder erleben, dass es nicht nur die Enttäuschung und die Wut gibt. Sondern es erlebt auch den Versuch des Verstehens, zunächst auf der Seite der Eltern, sieht dass es auch wieder »gut« wird, dass einem verziehen wird, dass man sich auch immer wieder versöhnen kann. Diese Erfahrungen können dann gemacht werden, wenn die Eltern ihren Ärger zeigen, sich aber auch feinfühlig und wohlwollend in das Kind einfühlen können. Das Kind muss erfahren, dass etwas durch sein Verhalten nicht in Ordnung ist, dass es aber wieder in Ordnung gebracht werden kann, dass etwas wieder gutgemacht werden kann und dass man sich auch wieder findet. Dieser ganze Prozess des Ärgers, der Trennung, des Schuldgefühls, der Auseinandersetzung und der Möglichkeit, etwas wieder gutzumachen und sich dann zu versöhnen, kann verinnerlicht werden. Das Kind nimmt dann an und rechnet damit, dass Konflikte in der ihm bekannten Weise gelöst werden können. Die Wiedergutmachung ist dabei sehr wichtig. Das Kind erlebt, dass es zwar destruktive Impulse hat, dass diese aber nicht alles zerstören können, sondern dass man es wiedergutmachen kann.

Dabei ist es wichtig, dass auch das Kind wütend sein darf. Eltern ärgern ja auch die Kinder. Wenn Eltern diese Wutausbrüche überleben – und das meint, dass sie nicht in die Situation kommen, dem Kind die positiven Gefühle entziehen zu müssen –, dann versteht das Kind, dass Liebe und Hass in einer menschlichen Beziehung möglich sind, und dass der Hass nicht stärker ist als die Liebe. Hat man so gelernt, dass es zwar immer wieder Ärger gibt, dass man sich aber auch versöhnen kann, wird man sich in Konflikten eher so verhalten, wie man es als Kind gelernt hat – auf eine Versöhnung hin. Auch das kann schief gehen: Nicht alle Menschen, mit denen wir Konflikte haben, sind freundlich und ebenso auf Versöhnung aus. Sie wollen möglicherweise nur gewinnen, einen dominieren, einen zur Unterwerfung zwingen. Mit diesen Menschen kann man sich nicht versöhnen. Dann bleibt aber immer noch das innerliche Sich-Aussöhnen mit der Situation: Wir akzeptieren, dass wir uns nicht versöhnen können, wir lassen aber unseren Groll los und versöhnen uns mit uns selbst in dieser Situation. »Besser geht es einfach nicht!« – auch wenn wir es lieber anders gehabt hätten. Auch dann sind wir frei, uns wieder auf neue Erfahrungen einzulassen.

Um versöhnlich sein zu können, wäre es sinnvoll, immer neu zu lernen, wie man konstruktiv mit Ärger umgehen kann, sodass er sich nicht so sehr in das eigene Leben einfrisst. Das ist wohl eine lebenslange Aufgabe. Dabei ist der Humor eine ganz große Hilfe. Wie ernst nehmen wir uns doch gelegentlich in einer Situation, die uns sehr ärgert und uns innerlich sehr beschäftigt. Wir benehmen uns, als ob das ganze Leben davon abhinge. Etwas Distanz, Gelassenheit, ein herzhaftes Lachen mag die angemessenen Verhältnisse wiederherstellen. Nur: Wenn wir uns ärgern, sind wir meistens etwas humorlos. Mit Ärger und mit schattenhaftem Verhalten umgehen zu lernen, hilft uns auch, den Humor wiederzufinden.

Lansky vertritt die Idee, dass es beim Verzeihen letztlich um einen Kampf zwischen Eros gegen Thanatos geht, einem Kampf zwischen dem Drang zu lieben und dem Drang nach Vernichtung. Solange man verzeihen kann, hat die Liebe gesiegt über das Bedürfnis zu zerstören. Dafür spricht, dass in Liebesbeziehungen, solange man sich wirklich noch liebt oder gar verliebt ist, das Verzeihen keine große Rolle spielt. Man versöhnt sich sehr rasch – auch aus Vergnügen am Sich-Versöhnen. Ist aber die Liebe etwas erkaltet oder die Beziehung gar zu einer eher geschäftsmäßigen Verbindung geworden, dann wird gerechnet, aufgerechnet und gefordert. Das könnte auch darauf hinweisen, dass man sich in der Liebesbeziehung zu lange nicht wirklich um Ärger, Verletzungen, Ungerechtigkeiten gekümmert hat und plötzlich Ressentiments entstanden sind. Oder dass man sich voreilig versöhnt hat, und die Konflikte, die ja auch in einer Liebesbeziehung entstehen, nicht wirklich ausgetragen worden sind. Dadurch konnten die Probleme nicht in die Verantwortung genommen werden, und deshalb kann auch die Wiedergutmachung nicht stattfinden. So bleibt eine nicht benannte Enttäuschung, ein Gefühl, dass etwas doch nicht wirklich gerecht ist, dass etwas nicht stimmt. Und diese Gefühle legen einen Schleier über die Liebe, lassen sie kühler werden.

Dominieren die liebevollen Erfahrungen in einem Leben, ist es einfacher, versöhnlich zu sein. Man betrachtet nicht nur sich selber mit liebevolleren Augen, gerade auch dann, wenn man nicht wirklich einverstanden ist mit sich selbst, sondern auch die anderen Menschen. Gerade in Situationen, in denen wir anderen schaden wollen, kann man mit einem normalerweise liebevollen Blick auch wahrnehmen, wie verletzbar der andere Mensch ist, wie sehr uns auch ausgeliefert. Sehen wir diese Verletzbarkeit nicht mehr, etwa, weil sich ein Mensch verhärtet, werden wir auch härter, das mitmenschliche Mitgefühl schwindet dann. Das ändert aber nichts daran: Wir Menschen sind einander im hohen Maße ausgeliefert und deshalb ist es auch sinnvoll, sorgsam miteinander umzugehen.

Auch als ein eher unversöhnlicher Mensch wird man sich versöhnlich verhalten können, wenn es einem richtig erscheint. Auch ein versöhnlicher Mensch muss sich zur Versöhnung entschließen. Es wird ihm aber leichter fallen, weil er weiß, dass durch die Versöhnung wieder Freude aufkommen kann.

Aus: Verena Kast, Wenn wir uns versöhnen

Dankbarkeit

Dankbarkeit und das Erleben von Freude gehören zusammen. Man hat etwas bekommen, das Freude ausgelöst hat, und die Freude über diese Freude möchte man mit dem Urheber, der Urheberin dieser Freude teilen, indem man Dankbarkeit ausdrückt. Dankbarkeit ist geteilte Freude, und damit zeigen wir, dass die Freude nicht uns allein gehört, dass am Entstehen der Freude immer auch andere Menschen beteiligt sind. Unsere Mitwelt war auch gut, nicht nur hinderlich, wie wir gelegentlich undankbar denken. Und indem wir dankbar sind, bezeugen wir, dass uns Gutes in unserem Leben zuteilworden ist. Zurückblicken im Leben kann man unter dem Aspekt der Dankbarkeit oder des Haders, des Vorwurfs, immer zu wenig bekommen zu haben. Beides ist wohl richtig – und je nach Stimmung wird die Dankbarkeit oder der Hader mehr im Mittelpunkt der Erinnerung stehen. Wenn es gut geht, dann erinnern wir uns daran, dass es nicht nur den Hader, sondern auch Gefühle der Dankbarkeit gibt und gab. Die Gefühle der Dankbarkeit helfen: Damit das, was in unserem Leben nicht gut war, sich nicht über Gebühr in den Erinnerungen ausbreitet.

Wo wir uns freuen, können wir auch Gefühle der Dankbarkeit hervorrufen. Ich freue mich an einem Gedicht, das mir einmal wichtig war und das ich wiedergefunden habe. Ich bin dankbar – nicht einem bestimmten Menschen – sondern unserer Kultur, in der es Gedichtsammlungen gibt, meiner Intuition vielleicht, die richtige Seite aufgeschlagen zu haben. Wir sind Menschen dankbar, denen wir etwas verdanken, von denen wir etwas bekommen haben – es muss nicht viel sein: ein aufmunterndes Wort im richtigen Moment, eine anregende Idee, eine Ermutigung. Andere Menschen, die uns lange ertragen haben und uns nie das Gefühl gegeben haben, wir seien unerträglich: Sie haben sich unsere Dankbarkeit redlich verdient. Meistens drücken wir unsere Dankbarkeit nicht aus, nehmen sie vielleicht auch nur am Rande wahr. Zwar bedanken wir uns oft, weil es die Höflichkeit gebietet, aber dieses überströmende Gefühl der Dankbarkeit, das uns erfassen kann, denken wir etwa an einen Menschen zurück, der auf unserem Weg wichtig war, ist noch einmal etwas ganz anderes:

Es macht uns froh, erfüllt uns mit Freude und es vermittelt uns die Erfahrung, für einen Moment oder für eine längere Zeit von einem Menschen etwas erhalten zu haben, das unserem Leben einen Halt, eine Richtung, eine Begeisterung geben konnte. Es ist mehr, als zu erwarten war, es ist besser, als zu erwarten war. Es war sogar überhaupt nicht zu erwarten, es ist freiwillig gegeben worden, weil der andere Mensch so ist, wie er ist: Etwa der begeisternde Lehrer, der in einem selbst die Begeisterung geweckt hat. Und es hat eine nachhaltige, fördernde Wirkung auf unser Leben.

Dankbarkeit empfinden wir Menschen gegenüber, die wir als gönnend, als gebend, als freigiebig, als großzügig erlebt haben – im Gegensatz zu all den Geizigen, Neidischen.

Zwar kann Dankbarkeit in einer bestimmten Lebenssituation aufblitzen und man hat dann auch das Bedürfnis, sie auszudrücken, dem anderen Menschen auch etwas zu geben. Die Freude, die Bereicherung, die man erlebt hat, ruft danach, dass man dem Menschen, der uns solches zukommen ließ, auch wieder etwas zurückgibt. Und dennoch ist da doch eine Schwelle, die zu überschreiten ist, und wir haben weniger Dankbarkeit ausgedrückt, als emotional stimmig gewesen wäre. Nicht selten erlebt man beim Rückblick auf das Leben, dass man einem bestimmten Menschen viel dankbarer ist, als man es je zum Ausdruck gebracht hat, und dass man diese Dankbarkeit gerne noch formulieren würde: Formulieren würde, wie wichtig dieser Mensch für einen in einer bestimmten Phase des Lebens, in einer bestimmten Situation gewesen ist. Und nicht selten sind die Menschen, denen wir dankbar sind, schon längst gestorben.

Was ist das für eine Schwelle, die zu überschreiten ist, und die wir oft nicht überschreiten? Um dankbar sein zu können, muss man es aushalten, dass man nicht alles allein machen kann, sondern dass man Wichtiges von anderen Menschen bekommt, dass wir immer in Beziehungen leben und von guten Beziehungen auch abhängig sind. Das bestätigen wir, indem wir unsere Dankbarkeit ausdrücken. Dankbar zu sein bedeutet, dem anderen Menschen etwas Gutes zu attestieren und sich selbst als jemanden, der in dieser Situation etwas bekommen hat, dem dieses Gute vielleicht lebenswichtig war. Es geht darum, dem anderen Menschen zu gönnen, dass er oder sie etwas entscheidend Gutes in unser Leben getragen hat. Gönnen kann der neidische Mensch aber nicht. Da, wo wir neiden, haben wir den Eindruck, vom Schicksal stiefmütterlich bedacht worden zu sein, zu kurz gekommen zu sein. Der Mensch, der Neid erregt, scheint mit allen Gaben gesegnet zu sein, und er hat – so sehen es die Neider oder die Neiderinnen – ihnen etwas weggenommen, das eigentlich ihnen gehören würde, und das sie dringend auch bekommen müssten: Es ist ungerecht, dass der andere das kann, sie aber nicht. Also ist der andere oder die andere schuld an dem bohrenden Gefühl des Ungenügens. Wenn wir neidisch sind, müssten wir aber den anderen Menschen übertreffen, und wir wissen, dass wir es nicht können. Das ist die Qual des Neidens. Wir können uns dann nicht freuen an der Schönheit eines Menschen oder einer Situation, an der Leistung eines anderen. Wir möchten zerstören, was unseren Neid erregt. Meistens geben wir das nicht zu, auch nicht vor uns selbst: Wir wissen, Neid gehört in die Familie von Undankbarkeit und Schadenfreude, wie Kant sagt.[31]

Wer in einem umfassenden Sinne neidisch ist, müsste alles, was es im Lebensumkreis gibt, selbst und allein machen, sonst sollte es besser nicht existieren, um nicht den Neid und die damit verbundene, oft versteckte Destruktivität heraufzubeschwören. Bekommt der Neider oder die Neiderin von jemandem etwas Gutes, dann fühlt er oder sie sich automatisch weniger gut und müsste doch auch… und sogar noch mehr… Es geht nicht mit rechten Dingen zu, das Leben ist einfach ungerecht. So erlebt man es und so ist es wohl auch. Deshalb bemühen wir Menschen uns so sehr um Gerechtigkeit.

Es mag mit dem Neid zusammenhängen, dass man nicht dankbar sein kann, sich sogar Menschen gegenüber, denen man eigentlich zu Dankbarkeit verpflichtet wäre, besonders undankbar oder gar entwertend verhält. Würde man dem anderen Menschen zugestehen, dass man von ihm oder von ihr etwas Bedeutsames, etwas Wertvolles bekommen hat, dann müsste man ihn zerstören, weil er den Neid weckt, weil er ein Mensch ist, der einem vermeintlich etwas wegnimmt.[32] – So wenigstens denkt der Neider, denkt die Neiderin.

Offenbar werden die meisten Menschen im Alter weniger neidisch. Sie werden gönnender, und deshalb können sie auch dankbarer werden. Mehr einverstanden mit sich selbst, weniger egoistisch, können sie auch besser verstehen, dass wir alle in einem Netz von vielfältigen Abhängigkeiten versuchen, dennoch auch autonom zu sein. Wir versuchen unser Leben so zu leben, dass wir auch anderen etwas gönnen können. Wir erfahren Dankbarkeit und geben Dankbarkeit.

Aber nicht nur anderen Menschen gegenüber erlebt man Dankbarkeit, sondern auch Situationen gegenüber: Man ist etwa dankbar, dass man an einem Ort schreibt, der unbeschreiblich schön ist, dass es überhaupt so viel Schönes gibt auf dieser Welt, dass es Kunstwerke gibt, die einen zutiefst berühren, Bücher, die einen anregen und aufregen. Man ist dankbar, dass man an einem Ort wohnt, wo kein Krieg ist, dankbar, dass man in einer Zeit lebt, in der man an einer Infektion nicht so leicht stirbt.

Diese Dankbarkeit erleben wir, wenn wir nicht alles als selbstverständlich ansehen, sondern die Fähigkeit ausgebildet haben wahrzunehmen, was denn bereichernd ist in diesem Leben – und das ist sehr viel. Diese Erfahrungen von Dankbarkeit können sich über das ganze Leben legen: nicht, dass es nicht Schwieriges und Schmerzhaftes gegeben hätte, aber eben auch unverhofft Gutes, Schönes, Bezauberndes. Erfahrungen, die unsere Seele weit gemacht haben.

Das Wahrnehmen der Dankbarkeit, das Ausdrücken der Dankbarkeit, bringt uns dazu, das Leben, auf das wir zurückblicken, auch als reich zu erfahren und die Zukunft, vor der wir stehen, als immer noch voll von Möglichkeiten für Erfüllung verschiedenster Art.

Und warum ist es manchmal so schwierig, die Dankbarkeit eines anderen Menschen anzunehmen? Warum ist es gelegentlich so schwierig, angemessen zu reagieren, wenn uns jemand sagt, dass wir wichtig sind für ihn oder für sie, dass er oder sie uns dankbar ist? Und was heißt das, adäquat reagieren?

Doch wohl einfach, die Freude darüber auszudrücken, dass man für einen anderen Menschen wichtig sein kann. Wehrt man eine Größenfantasie ab? Hat man Angst, dass der andere das nur als Vorbemerkung sagt und dann etwas von einem will? Das man nicht großzügig gibt? Dass man also gerade nicht etwas tun will, was Dankbarkeit hervorruft?

Es ist nicht selbstverständlich, dass jemand den Dank auch annehmen kann: Ehrlich ausgedrückter Dank kommt von Herzen und geht zum Herzen. Es entsteht dadurch ein Moment der großen Verbundenheit und Nähe, die ausgehalten werden will. Was tut man damit? Es genügt, dieses Moment achtsam wahrzunehmen – und auszudrücken, was es bedeutet – mehr nicht. Diese Nähe kann aber auch als zu nah erlebt werden. Weiß man schon von vornherein, dass Menschen große Nähe unheimlich ist, schreibt man den Dank besser in einem Dankesbrief.

Oder aber man hat selbst die Idee, dass das, wofür der andere Dankbarkeit empfindet, gar nicht so sehr eine bewusste Handlung von uns war, sondern etwas, das uns selbst gegeben worden ist, vielleicht einfach in unserer Psychologie wurzelt, sodass man den Eindruck hat, man müsste diese Dankbarkeit noch einmal an einen anderen Ort weitergeben – und man weiß gar nicht so recht, wohin damit.

Dankbarkeit ist nicht einfach Dankbarkeit: Wie oft sagen wir zum Beispiel: »Ich bin dir so dankbar«, ohne dass diese Dankbarkeit wirklich emotionell gefühlt und gefüllt ist. Wir haben alle gelernt, uns zu bedanken. Oft sind das Lippenbekenntnisse, oder Dankbarkeit wird eingefordert: Die Kinder, die Nachkommen, sind nicht dankbar dafür, was die Eltern für sie geopfert haben. Hinter Ressentiments von älteren Menschen steckt oft die Überzeugung, sie hätten nicht genug »zurückbekommen «, andere Menschen seien ihnen zu wenig dankbar, hätten zu wenig ermessen, was sie ihnen gegeben haben.

Ist man im eigenen Leben immer wieder mit einer Forderung nach Dankbarkeit konfrontiert worden, der man nicht nachgekommen ist und der man in ihrer Maßlosigkeit nie nachkommen konnte, so ist der Weg zu einer unverkrampften Dankbarkeit etwas steinig. Es wäre aber gut, wenn dies uns nicht davon abhalten würde, die große Bedeutung dieser Haltung in den menschlichen Beziehungen wert zu schätzen.

Blicken wir zurück auf unser Leben, dann ist die Dankbarkeit ein wichtiges Thema. Für viele Menschen ist das Ausdrücken der Dankbarkeit auch ein Bedürfnis.

Welchen Menschen ist man wofür dankbar? Wofür, wenn sie noch leben, möchte man sich bedanken, wenn sie dann den Dank auch annehmen?

Die Übung der Dankbarkeit bereichert ungemein. Man ruft nicht nur die Erinnerung an gönnende, freigiebige Menschen hervor, sondern man erlebt sich auch selbst als gönnender, freigiebiger Mensch, indem man diese Erinnerungen gestaltet. Und man erlebt sich als einen Menschen, dem vieles auch einfach geschenkt worden ist. Und vielleicht wird man auch noch etwas gönnender anderen gegenüber für den Rest des Lebens.

Aus: Verena Kast, Was wirklich zählt, ist das gelebte Leben. Die Kraft des Lebensrückblickes.

Unsere Biografie der Freuden

Was Freude auslöst

Freude ist oft ein Nebenprodukt unserer Bemühungen und Aktivitäten und tritt dann auf, wenn wir sie gar nicht unbedingt erwarten. Freude stellt sich meistens dann ein, wenn wir völlig aufgehen können in einer Aktivität. Damit wir in einer Aktivität aufgehen können, muss diese Tätigkeit uns herausfordern, sodass wir die eigenen Fähigkeiten ausschöpfen können. Das Ganzheitsgefühl, das wir dabei erreichen, wird von Csíkszentmihályi[33] Flow-Zustand genannt. Dieser zeichnet sich dadurch aus, dass Handlung auf Handlung folgt, ohne dass der Handelnde dabei bewusst eingreifen müsste. Dabei ist kaum eine Trennung zwischen ihm und der Umwelt, zwischen Vergangenheit, Gegenwart, Zukunft zu spüren. Um dieses Ganzheitsgefühl zu erreichen, das ein zentrales Gefühl im kreativen Prozess ist, überlassen sich die Menschen, wie der Autor herausgefunden hat, Tätigkeiten oder Aktivitäten (z. B. dem Tanzen, dem Klettern), die keine direkte äußere Belohnung bringen. Dieses Lebensgefühl selbst ist Belohnung genug. Aus Interviews schließt Csikszentmihaly, dass Menschen, die etwas mit Freude tun, in einen Flow-Zustand geraten.[34]

Man könnte ergänzend auch von der anderen Seite her argumentieren: Immer wenn wir in unserem Tun vollkommen aufgehen, dann erfüllt uns das mit Freude. Dabei kann es sich um Arbeit oder um Spiel handeln. Es geht um Selbstvergessenheit in großer Selbstgewissheit. Dass wir in einem Tun, einer Aktivität, einem Anblick aufgehen können, scheint eine grundlegende Voraussetzung für alle Situationen zu sein, die Freude auslösen, auch wenn sie von Mensch zu Mensch verschieden sind. Freude an der eigenen Kompetenz, an der eigenen Geschicklichkeit steht in Zusammenhang mit diesem Aufgehen in der Arbeit und im Spiel, steht aber auch in Zusammenhang mit der Freude am Erproben der eigenen Grenzen.

Ein wichtiger Bereich, der große Freude auslöst, ist das Erfinden oder das Herausfinden von etwas. Der ganze Bereich der Kreativität ist hier angesprochen.

Ein anderer Bereich, der viel Freude bewirken kann, ist der Bereich der Beziehung, der körperlichen Liebe, der Zärtlichkeit, des geselligen Beisammenseins. Auch das sind Aktivitäten, bei denen die Ichgrenzen gelockert werden, es sind Situationen des Verschmelzens und der mitmenschlichen Wärme.

In diesem Zusammenhang wird die Freude am Gebenkönnen oft erwähnt oder die Freude daran, anderen Menschen eine Freude zu machen. Überhaupt scheint die Freude anderer Menschen an uns unsere Freude an uns selbst sehr zu stimulieren. Freude am Gebenkönnen ganz allgemein, aber auch Freude am Empfangen von etwas Unverhofftem, sind in Beziehungen freudenauslösend. Die Freude am Gebenkönnen, wobei Geben und Öffnen der Ichgrenzen zusammenwirken, kann allerdings auch dazu führen, dass wir in der Freude mehr geben, als wir geben wollen, mehr preisgeben auch, als wir wollen.

Besondere Freude entsteht in Beziehungen, wenn in den Beziehungen und durch die Beziehungen etwas wächst: Ideen, sichtbare Veränderungen im Beziehungsverhalten usw. Damit wird deutlich, dass Freude nicht nur Ausdruck der Stimmigkeit von Person, Umwelt, Mitwelt und Innenwelt ist, sondern dass dazu das Moment des »Mehrens« kommt, des Mehr-Werdens.

Ein anderer großer auslösender Bereich für Freude ist der der sinnlichen Genüsse: Essen, Trinken, Sexualität, aber auch das Wahrnehmen der Natur, das Wahrnehmen der Kunst, das Anschauen von Dingen und Menschen, die uns als schön erscheinen.

Wesentlich scheint mir zu sein, dass wir nicht nur die großen Freuden als Freude wahrnehmen, sondern dass uns bewusst wird, wie viele kleine Freuden wir immer wieder erleben, die vielleicht belanglos wirken und doch nicht belanglos sind: etwa die Freude an dem wunderbaren Duft des Basilikumkrautes – bewusst wahrgenommen. Während wir uns freuen, reflektieren wir nicht über uns – wir freuen uns. Es ist aber wichtig, dass wir uns zunehmend mehr bewusst werden darüber, dass wir uns jetzt gerade für einen Moment gefreut haben.

Csíkszentmihályi hat untersucht, wie der Entzug von kleinen Flow-Erlebnissen im Alltag wirkt, und hat festgestellt: »Wer alles nichtinstrumentelle Verhalten einstellt, fühlt sich müde, schläfrig, weniger gesund und angespannt (…) Man beurteilt sich selber unter solchen Bedingungen schlechter und fühlt sich vor allem weniger kreativ und vernünftig.«[35]

Für unsere psychische Ausgeglichenheit scheinen gerade auch die kleinen Freuden, die zweckfreien Tätigkeiten, unsere Nischen des Glücks, die wir uns zu schaffen wissen, wesentlich zu sein.

Die Rekonstruktion der »Freudenbiografie«

Wenn wir von unserer Biografie sprechen, dann werden vergangene Ereignisse – die Ereignisse »von damals« –, damit verbundene Gefühle, Hoffnungen, Wünsche, aber auch

Beziehungsverhalten wiederbelebt. Vergangenheit wird in der Gegenwart so lebendig, dass wir oft auch von ihr eingeholt werden: Sie kann erneut emotionell erlebt werden.

In diesem Zusammenhang bedeutet Erinnern, sich mit der Vergangenheit zu identifizieren – wir sind ganz eins mit der Person, die wir damals waren –, zugleich aber auch, sich von der Vergangenheit zu distanzieren – wir sind auch anders geworden, können mit Distanz zurücksehen. Sich zu identifizieren und sich auch zu distanzieren, das sind die wesentlichen Bewegungen des Bewusstwerdungsprozesses.[36]

Normalerweise haben wir im Alter von dreißig oder vierzig Jahren unsere Biografie schon unendlich oft erzählt. Oft haben wir sogar eine »Biografie zum Erzählen« geschaffen, die mit dem wirklichen Lebenslauf mehr oder weniger Ähnlichkeit hat, je nachdem, wie sehr oder wie wenig spielerisch und fantasievoll wir sind oder welche Bedürfnisse des Vorzeigens, des Sich-Zeigens wir haben. So sagt Max Frisch: »Jeder Mensch erfindet sich früher oder später eine Geschichte, die er für sein Leben hält …«[37]

Wenn wir nun unter einer bestimmten Perspektive, einer bestimmten Fragestellung, die eigene Biografie wieder ansehen, können ganz andere Aspekte zum Vorschein kommen als bisher. Auch Lebenseinschnitte, die wir früher gar nicht wahrgenommen haben oder Übergänge, die uns immer als ganz normal erschienen, können dadurch heller ins Licht treten. Wenn wir nun versuchen, eine Freudenbiografie zu rekonstruieren, nehmen wir uns aus den gewohnten Biografiegleisen heraus, auch aus den gewohnten Begrifflichkeiten. So finden wir nochmals eine neue Geschichte von uns, vielleicht erfinden wir sie auch.

Normalerweise erzählen wir unsere Anamnese unter dem Aspekt von Schwierigkeiten: Wir erzählen, wie die Schwierigkeiten, die wir heute haben, geworden sind: Die Freudenbiografie dagegen richtet ihren Blick auf eine ganz andere Fragestellung: Wie habe ich Freude erlebt in meinem Leben? Wie habe ich sie abgewehrt? Wie wurde sie mir verwehrt? Und: Was ist aus der Freude im Laufe des Lebens geworden? Ist sie weniger geworden? Ist sie mehr geworden? In der Regel werden ganz andere Aspekte der Persönlichkeit beleuchtet als bei einer normalen Anamneseerhebung, dennoch werden durchaus auch wichtige Veränderungen sichtbar, ja in ihrer emotionalen Bedeutung sogar greifbarer, als wenn wir eine übliche Anamnese vor uns haben.

Der Sinn einer solchen Rekonstruktion der »Freudenbiografie« liegt nicht nur darin, herauszufinden, was aus unserer Freude im Laufe des Lebens geworden ist, sondern auch darin, dass wir uns immer wieder mit Freudensituationen der Vergangenheit identifizieren: uns beispielsweise mit uns selber als freudigem Kind identifizieren oder eben – wenn wir die Freuden, die es in unserem Leben gab, gesammelt haben – mit uns selbst in unserer ganzen Entwicklung als freude-fähige Menschen.

Die Mittel für die Rekonstruktion einer solchen »Freudenbiografie« sind einmal die Erinnerungen, die wir selbst haben. Dann sind es die Erinnerungen anderer, die wir erzählt bekommen. Denn vieles, das wir für unsere eigene Erinnerung halten, ist Erzählung von anderen Menschen: von Eltern, Geschwistern, Schulkameraden, Freunden; Fotografien, Tagebücher, alte Spielsachen können Träger von Erinnerungen an erlebter Freude sein. Zeichnungen und Bilder freudiger Momente oder auch Freudenträume können uns weitere Bereiche der Freude erschließen.

Freude und Erinnerung haben grundsätzlich viel miteinander zu tun, deshalb bietet es sich auch geradezu an, die Rekonstruktion der »Freudenbiografie« zu erstellen.

Es gibt einen Text im Tagebuch von Max Frisch:

> *»Glück als das lichterlohe Bewusstsein: Diesen Augenblick wirst du niemals vergessen. Der Anblick ist da, das Erlebnis noch nicht. Man gleicht einem Film, der belichtet wird; entwickeln wird es die Erinnerung.«*[38]

Mir scheint es ein ganz wichtiger Text im Zusammenhang auch mit Freude zu sein. Glück – als ein äußerster Pol der Freude – wird mit dem »lichterlohen Bewusstsein«, dass dieser Moment unvergesslich sein wird, in Verbindung gebracht. Hinterher wird uns eigentlich erst bewusst, was in diesem Moment wirklich geschehen ist, was so wichtig war, und in der Erinnerung an die Freude nehmen wir diese erst recht wahr, erleben sie, kosten sie aus; und in der Erinnerung gestalten wir sie dann auch weiter aus. Wir kennen wohl alle die Erfahrung, dass man mit einem Menschen zusammen etwas sehr Schönes erlebt hat und danach einen Brief schreibt, in dem alles, was so schön gewesen ist, nochmals beschrieben wird. Kommt dann ein ähnlich freudiger Brief zurück, dann wird die Freude noch einmal in der Erinnerung lebendig und auch als wirklich bestätigt. Man macht einander das Erlebnis bedeutsam und lieb und verstärkt einander die Freude. Dennoch spielt die Erinnerung beim Erleben der Freude nicht eine so große Rolle wie das Wahrnehmen der freudigen Situation selbst. Können wir die freudige Situation nicht wahrnehmen, ist auch nichts da für die Erinnerung.

Eine Übung, die bei dem Versuch, die »Freudenbiographie« zu rekonstruieren, helfen kann:

Versuchen Sie, sich eine Freudensituation vorzustellen. Es kann dabei hilfreich sein, sich mit einer imaginativen Technik in die Körperbewegung des kleinen Kindes einzufühlen, das Sie waren.

Erinnern Sie sich an Körperbewegungen, die Freude gemacht haben.

Falls Ihnen nicht spontan weitere Erlebnisse aus dem späteren Leben einfallen, gehen Sie chronologisch vor und versetzen Sie sich in Freudensituationen, die Sie als Schulkind, dann mit 12, mit 14 usw. Jahren erlebten. Erinnern Sie eine Körperbewegung, die Sie als Kind besonders geliebt haben. Wie nehmen Sie dabei Freude wahr? Versetzen Sie sich in die Rolle des Kindes. Wie haben Sie Ihre Freude ausgedrückt? Waren Menschen da, denen Sie die Freude gezeigt haben? Oder waren keine Menschen da? Was haben Sie dann mit Ihrer Freude gemacht? Gibt es eine Beziehung zwischen dieser Freudenerfahrung und Ihrem heutigen Leben und zu ihrer Art, heute Freude zu erleben, auszudrücken oder nicht auszudrücken?

Aus: Verena Kast, Sich einlassen und loslassen. Neue Lebensmöglichkeiten bei Trauer und Trennung

Freuden neu entdecken

Meistens erzählen wir unsere Lebensgeschichte unter dem Aspekt von Schwierigkeiten: Wir erzählen, wie die Schwierigkeiten, die wir heute haben, entstanden sind, vielleicht noch, welche Schwierigkeiten wir überwunden haben, wie wir das Leben dennoch gemeistert haben, und das kann dann auch mit etwas Freude und Stolz verbunden sein.

Die Freudenbiografie[39] nimmt eine ganz andere Perspektive ein: Es wird danach gefragt, wie und in welchen Situationen im Leben Freude und freudiger Stolz erlebt worden sind: Wie wir uns die Freude bewahrt haben, wie wir sie abgewehrt haben, wie sie einem verdorben wurde und was aus ihr im Laufe des Lebens geworden ist. Ist sie weniger geworden, ist sie mehr geworden? Diese freudigen Situationen werden in der Vorstellung noch einmal erlebt, man versenkt sich imaginativ in diese Situationen – und erlebt dabei wieder Freude. Dabei werden auch wichtige, schwierige Veränderungen im Leben sichtbar, ja in ihrer emotionalen Bedeutung sogar greifbarer. Da die Emotion der Freude das Selbstwertgefühl stärkt, ist es leichter, auch zu schwierigen Situationen zu stehen.

Aus: Verena Kast, Was wirklich zählt, ist das gelebte Leben. Die Kraft des Lebensrückblicks.

Was Freude auslöst

Das Gefühl der Freude erleben wir dann, wenn etwas besser ist als erwartet, uns mehr zukommt, als zu erwarten war. Wenn wir uns freuen, sind wir einverstanden mit uns, mit der Welt, mit den Mitmenschen.

In der Freude strahlen unsere Augen auf, Gesichter leuchten auf: In der Freude vermitteln Menschen den Eindruck von etwas Strahlendem, Leuchtenden, Lichtem. Die Bewegungen, die wir mit der Freude verbinden, sind Bewegungen zur Höhe und zur Weite hin: So gehen die Mundwinkel nach oben, wenn wir uns freuen oder wenn wir lächeln. Wir könnten vor Freude Luftsprünge machen, oder wir werfen etwas hoch in die Luft. So wird deutlich, dass in der Freude ein Gegengewicht zur Erdenschwere und zur Dunkelheit ist. Freude suggeriert uns eine mögliche Verbundenheit mit etwas, das über uns hinausgeht. Wenn wir uns freuen, dann fühlen wir eine Wärme in uns aufsteigen, eine körperlich erfahrbare, aber durchaus auch eine seelische Wärme. Diese lässt uns offener und lebendiger, aber auch erregter werden. Das Selbstgefühl, das wir bei der Freude erleben, ist ein Gefühl des selbstverständlichen Selbstvertrauens, das daraus resultiert, dass wir im Moment der Freude uns selbst, die Innenwelt, die Mitwelt akzeptieren können, wie sie ist, weil uns mehr zugekommen ist, als wir erwartet haben. Die Welt, das Leben – sie sind besser, als wir gedacht haben. Zu diesem selbstverständlichen Selbstvertrauen gehört, dass man sich bedeutsam fühlt, ohne dass man bedeutsam sein muss. Unser Selbstwertgefühl ist ausgewogen. Dieses selbstverständliche Selbstvertrauen, das wir als Menschen im Zustand der Freude erleben, lässt uns offen sein für andere und die Welt. Wir betrachten andere Menschen mit freundlichen, akzeptierenden Augen. Wir können dann auch etwas hergeben, gönnend sein: Wir müssen unsere Ich-Grenzen nicht stur behaupten, wir können sie öffnen. In der Freude sind wir nicht misstrauisch, manchmal dafür naiv. Wir erwarten in der Tat nichts Böses. Tritt das Böse dann doch ein, dann fühlen wir uns sehr verletzt. Man kann sich zwar schützen vor diesen Verletzungen, indem man die Freude nicht mehr zulässt. Das aber ist ein teurer Schutz. Selbstverständliches Selbstvertrauen, Bedeutsamkeit, auf der man nicht beharren muss, Offenheit und die Möglichkeit des Sich-Öffnens: Dies alles ergibt ein Selbstgefühl der Vitalität und der Kompetenz, mit dem Leben umgehen zu können. Wir spüren neue Lebensenergie. Daraus resultiert, dass wir den Menschen nahe sein möchten, dass wir teilen möchten, dass wir den Mut finden, miteinander Lösungen zu erproben. Freude ist die grundlegende Emotion für Verbundenheit und Solidarität. Das Erleben von Freude, das Erinnern von Freude ist eine zentrale Ressource auch in schwierigen Zeiten – und für den Lebensrückblick.

Fast alles, was es gibt auf der Welt, kann auch Freude auslösen. Dabei ist zu beachten, dass es vor allem die kleinen Freuden sind, die uns den Alltag entscheidend verschönern und beleben können.

Bei einer Befragung stellte sich heraus, dass, statistisch gesehen, je nach Geschlecht und Alter andere Freuden dominierten.

Männer zwischen 30 und 40 erwähnten an erster Stelle die Freude an Leistung und Kompetenz. Die gleichaltrigen Frauen stellten an die erste Stelle die Freude an Erfahrungen in Beziehungen, besonders die Freude daran, bei anderen Menschen Freude ausgelöst zu haben. Bei Frauen steht die Freude an der Kompetenz und an der Leistung an zweiter Stelle, bei Männern die Freude an der Freude anderer Menschen an dritter Stelle. Freude wird weiter erlebt im Zusammenhang mit Essen, Trinken und Sexualität.

Arbeit, die herausfordert, aber nicht überfordert, löst dann, wenn man sich so richtig in sie vertiefen kann, bei Jung und Alt eine stille Freude aus. Auch das »Finden« ganz allgemein, geht es nun um das Erfinden von etwas oder um das Finden eines besonders günstigen Angebots, löst viel Freude aus und scheint weder geschlechts- noch altersabhängig zu sein. Dies gilt auch für Situationen, in denen man Geschenke macht und Geschenke bekommt, besonders dann, wenn es unerwartet geschieht. Damit in engem Zusammenhang steht die Freude am Wachsen und Werden von Menschen, von Ideen, von Zusammenarbeit usw. Das Erleben von Freude hat deutlich etwas damit zu tun, dass wir »mehr« bekommen oder erleben, als eigentlich vorauszusehen war. Für ältere Befragte stand die Freude an der Natur, am Wachsen, am Grünen, die Freude an der Kultur, an Schönheit, die Freude am Austausch mit anderen Menschen im Vordergrund. Auch die Abwesenheit von Schmerz, nachdem dieser lange dominiert hat, kann als Freude erlebt werden.

Es geht also darum, bei sich selbst im Leben herauszufinden, wo und wann wir am meisten Freude empfinden können oder auch empfunden haben.

Dies ist möglich, indem wir den freudigen Situationen in unserem Leben nachspüren und sie in der Erinnerung imaginativ nacherleben, auch die aktuellen Freuden:

Als aktuelle Freude beschreibt eine 80-Jährige, wie sie im Wald auf weichem Moos geht, wie sich das anfühlt an den Füßen, wie sie das beschwingt. Als weitere Freude das Gefühl, das sich bei ihr einstellt, wenn sie einen Säugling auf dem Arm hält.

Ein 72-Jähriger freut sich auf einen Opernbesuch und malt sich diesen schon deutlich in der Vorstellung aus – bis hin, dass er »weiß«, wie der Dirigent zu dirigieren hat.

Ein anderer 72-Jähriger kopiert Filme, schneidet sie zusammen und wird damit seine Kinder überraschen. Bereits jetzt freut er sich auf die Freude, die seine Kinder haben werden – übrigens eine verbreitete Freude: die Freude an der Freude, die wir anderen Menschen machen.

Ein 84-Jähriger erzählt, dass er sehr geschickt mit den Händen war. Vor allem Probleme mit Wasserrohren konnte er gut beheben. Strahlend erzählt er, dass er es immer noch könne und er gerade kürzlich einer Nachbarin aus einer großen Verlegenheit geholfen habe.

Um Freuden in der vorstellungsbezogenen Erinnerung wieder zu reaktivieren, ist es wichtig, präzise nach ihnen zu fragen. Was hat Ihnen gestern/heute Freude gemacht? Wie hat es sich angefühlt? Wie hat es auf ihre Stimmung gewirkt? Hat sich dadurch Ihr Verhalten verändert? Und: Worauf freuen Sie sich?

Die Vorfreude ist eine besonders intensive Freude. Sie ist verbunden mit einer etwas ängstlichen Erwartung, ob es denn auch so kommen könnte, wie man es sich in der Vorstellung ungehindert ausmalt. Oder man meint zumindest, dass niemand einem die Vorfreude nehmen kann, auch wenn das Ersehnte nicht eintrifft oder vermutlich in einer anderen Form eintrifft, als man es sich ausmalt. Die Vorfreude, diese erregte Freude, bezieht ihre spezielle Qualität gerade daraus, dass sie nur in der Imagination dieses »besser, als zu erwarten ist« ausmalt. Sie zeigt damit aber sehr deutlich, wie denn unsere Wünsche aussehen könnten. Wer den Gewinn aus der Vorfreude ziehen kann, wird die Vorfreude als die beste aller Freuden bezeichnen. Wer in der Vorfreude Erwartungen konstruiert, von denen er oder sie denkt, dass sie auch ganz und gar erfüllt werden müssen, wird diese Freude als riskanteste der Freuden zu vermeiden wissen oder ständig enttäuscht sein. Sicher, das Realitätsprinzip ist auf der Seite der zuletzt genannten, aber nicht die ungefährliche Lust am Leben.

Also: Wo sind die Vorfreuden? Es gibt auch ganz ungefährliche Vorfreuden: Etwa, wenn man sich darauf freut, dass es bald wieder Spargel geben wird, dass der See warm genug zum Schwimmen sein wird oder dass man sich einen schönen Blumenstrauß aussuchen wird.

Aus: Verena Kast, Was wirklich zählt, ist das gelebte Leben. Die Kraft des Lebensrückblicks

III Durchstehen: An Krisen und Wendepunkten wachsen

Identitätsrelevante Lebensübergänge

In der Adoleszenz wird nicht nur über Träume für die Zukunft berichtet, sondern es werden auch lebensgeschichtliche Erinnerungen zum ersten Mal wirklich zusammengesetzt. Da interessiert man sich dafür, wie man geworden ist und wie man werden möchte. Hier ist auch ein Gefühl der Identität, der Stabilität erfahrbar, das Gefühl von einem Ich, das geworden ist und das sich treu bleiben will. Diese Treue zu sich selbst ist ein wichtiges Thema der Adoleszenz. Wird diese Treue dahingehend verstanden, dass sich nichts verändern darf, entsteht die Rigidität der Adoleszenten; progressiv verstanden beginnt hier das bewusste Engagement für sich selbst in dem Sinne, dass man versucht, so authentisch wie möglich zu sein, in einer gewissen Treue und durch alle Veränderungen des Lebens hindurch zu sich selbst zu stehen. In der Adoleszenz wird zusammenhängend eine Lebensgeschichte erzählt, und gelegentlich wird auch die Geschichte der Familie hier interessant. Oft wird jetzt die Frage nach den familiären Wurzeln gestellt. Die geschichtliche Zeitsituation ist in diesem Alter meistens noch nicht sehr bedeutsam.

Diese Lebensgeschichte, die man hier ein erstes Mal zusammengebaut hat, wird im Laufe des Lebens verändert. Mit jeder Veränderung der Identität, mit jedem Bruch in der Kontinuität des Lebens, mit jeder damit verbundenen Krise kann man das Leben korrigieren und man sieht auch das gelebte Leben wieder etwas anders.

Diese identitätsrelevanten Lebensübergänge hat die Lebensspannentheorie normativ wie folgt festgelegt: Der erste findet statt zwischen 17 und 22 Jahren, also in der Adoleszenz. Der nächste Übergang ist zwischen 28 und 33 Jahren anzusetzen, und der nächste wiederum mit 40 bis 45. Letzterer bezeichnet den Lebensübergang im mittleren Lebensalter, oft auch die Midlife-Crisis genannt oder Lebenswende.

Jung war der Erste, der von einer Entwicklung bis zum Tod ausging; ihm erschien besonders die Entwicklung des Menschen in der zweiten Lebenshälfte (nach vierzig) interessant, der so genannte Individuationsprozess. Ziel des Individuationsprozesses ist es, immer echter, immer authentischer zu werden. Der zu werden, der ich bin, die zu werden, die ich bin.

Jung war der Ansicht, dass man in der ersten Lebenshälfte die sozialen Ziele erreichen wolle: Beruf, Beziehung, Familie, Ansehen, und dass dies auf Kosten der »Totalität der Persönlichkeit« gehe. Diese Einseitigkeit vermutete er hinter Depressionen, die ihm zu dieser Zeit besonders gehäuft aufzutreten schienen. Hinter den Depressionen vermutete er »Leben, das auch hätte gelebt werden können.«[40]

Bei der Lebenswende, so Jung, finde eine bedeutende Veränderung in der Seele des Menschen statt. Eigenschaften, die seit der Kindheit verschwunden seien, treten wieder auf. Interessen verblassen, andere treten in den Vordergrund. Überzeugungen können sich verhärten, werden zu Fanatismus.[41]

In der ersten Lebenshälfte ist es schädlich, sich zu sehr mit seinem Selbst zu beschäftigen, dies ist jetzt aber notwendig. Man muss neue Ziele finden, und diese sieht Jung in der Auseinandersetzung mit dem Selbst, mit der Frage, was wirklich das eigene Selbst ausmacht, was wirklich die eigene Identität ausmacht, welche Entwicklungsanforderungen an einen gestellt werden. Diese Auseinandersetzung gibt dem Leben einen Sinn und sorgt für eine Zielrichtung. Ein zielgerichtetes Leben hält Jung allemal für besser als ein zielloses. Hier sei die Religion früher eine Art Lebensschule gewesen, eine Schule für die zweite Lebenshälfte, für das Greisenalter, den Tod; das sei sie (1931) nicht mehr. Jung fragt beharrlich nach dem Sinn der Langlebigkeit des Menschen, weigert sich, den Lebensnachmittag als »klägliches Anhängsel des Vormittags« zu sehen. Er fragt sich, ob die Entwicklung von »Kultur« Sinn und Zweck der zweiten Lebenshälfte sein könnte.

Für die Frauen gibt es den besonderen Lebensübergang anlässlich des Klimakteriums, das zusammenfallen kann mit der Zeit, da die Kinder die Ursprungsfamilie verlassen. Letzteres markiert einen Lebensübergang für beide Eltern. Auch die Lebensübergänge bei der Pensionierung, beim Übergang vom »jungen Alter« ins ältere Alter, um die siebzig herum, und dann ins hohe und sehr hohe Alter – dies alles sind normative Übergänge, die zu Krisen Anlass geben können, es aber nicht müssen. Doch sie bezeichnen Situationen, in denen die eigene Identität und das eigene Gewordensein immer wieder neu infrage gestellt werden kann und muss. Die biologischen Veränderungen stellen andere Anforderungen an uns, aber auch die Sozietät – und wir antworten mit unserer gewordenen Persönlichkeit auf diese Herausforderungen, stellen vielleicht auch fest, dass etwas fehlt. Träume, Sehnsüchte machen uns darauf aufmerksam. Es geht bei diesen Anforderungen auch darum, sich mit Einschränkungen, wie sie das Alter mit sich bringt, so zu arrangieren, dass man das gute Selbstwertgefühl dabei nicht verliert.

Das Alter anzunehmen ist eine Entwicklungsaufgabe, und auch diese findet in einer Welt statt, die bestimmte Bilder über das Alter und das Altern hat. Diese Bilder müssen altersgerecht sein. Das ist heute auch durch Forschungen, wie etwa die Berliner Altersstudie[42] und die Forschungen von Heuft und anderen möglich. Hier ist aber noch viel Forschungsbedarf für die Zukunft.

Diese normativen Lebensübergänge, aber auch die schicksalhaften, die eintreten, wenn wir zum Beispiel einen Lebenspartner, eine Lebenspartnerin verlieren oder wenn wir durch eine Naturkatastrophe zusätzlich auch in eine persönliche Krise geraten, weil wir zum Beispiel unsere Wohnungen verlieren, sind Gegenstand der identitätsrelevanten biografischen Erzählungen.

Einschnitte und Krisen im Lebenslauf

Es ist bekannt, dass es normative Lebensübergänge gibt, die von der Entwicklungspsychologie oder von der Theorie der Lebensspanne beschrieben werden, wie etwa die Adoleszenz, der Übergang zum mittleren Erwachsenenalter, das Klimakterium, die Ablösung von den Kindern, das Austreten aus dem Arbeitsprozess etc. Dabei sind besonders die Übergänge, die auch mit körperlichen Veränderungen einhergehen, bekannt und man akzeptiert sie als Lebensübergänge. Solche Übergänge sind sozusagen offensichtlich. Es gibt aber auch andere, nicht normative Lebensübergänge, die etwa durch Schicksalsschläge ausgelöst werden: der Tod eines Lebenspartners, die Trennung von einer Lebenspartnerin, der Verlust der Arbeit, der Verlust der gewohnten Wohnsituation, die Notwendigkeit, sich beruflich umorientieren zu müssen usw. Alle diese Lebensübergänge können sich in einem steten, allmählichen und fast unbemerkten Wandel vollziehen, sie können aber auch als deutliche Zäsur erlebt werden. Und sie können sich auch zu handfesten Krisen auswachsen. Werden diese Lebensübergänge als deutliche Einschnitte erlebt, dann gibt es ein Vorher und ein Nachher – und beim Schnitt sind meistens die Lebensplanung, Pläne ganz allgemein, überdacht und vielleicht auch neu definiert und gesetzt worden. Lebensübergänge können aber nicht nur als Einschnitte, sondern gleichzeitig auch als Krisen erlebt werden. Solche Krisen sind Lebenssituationen, in denen die Anforderungen des Lebens und die Möglichkeiten, sie zu bewältigen, in einem krassen Widerspruch stehen. In solchen Situationen erleben wir uns als in Problemen steckend, die zu bewältigen oder zu überleben uns unmöglich erscheint. Das ganze Leben verengt sich dann auf das sich in der Krise zeigende Problem, und gleichzeitig fehlt die Überzeugung, das Leben gestalten zu können – und dies ist ein ganz wichtiger Aspekt unseres Identitätserlebens. – Und es fehlt die Hoffnung auf eine bessere Zukunft oder überhaupt auf eine Zukunft. Die emotionale und oft auch instrumentelle Einengung sowie der subjektiv empfundene Verlust der Fähigkeit, Leben gestalten zu können, bewirken große Angst und Panik. Diese wiederum werden oft abgewehrt durch Ärger und Wut, aus denen dann feindselige Handlungen resultieren können. Angst, Ärger und Wut übertragen sich schließlich auch schnell auf Mitmenschen und auch auf Helfer und Helferinnen.

Der Ausdruck »Krise« meint also eine Veränderung im Sinne einer Zuspitzung – insofern bedeutet sie Höhepunkt, aber auch Wendepunkt dieser Situation. Krisen sind Dringlichkeitssituationen, Geburtssituationen, in denen das Entwicklungsthema entbunden werden kann, dessen nicht erfolgte Verwirklichung den Menschen in die Krise getrieben hat. Es ist aber auch möglich, dass die Krise wieder verschwindet, ohne dass sich etwas verändert hat, oder dass etwa körperliche Probleme vermehrt auftauchen etc.

Folgende Merkmale machen eine Krise aus: Die emotionale Gleichgewichtsstörung muss schwer, zeitlich begrenzt und durch die dem jeweiligen Individuum normalerweise zugänglichen Gegenregulationsmittel nicht zu bewältigen sein. Ich benutze also diesen engen klassischen

Krisenbegriff von Caplan,[43] der meines Erachtens präzise Aussagen, auch zum Umgang mit Krisen, zulässt.

Aus: Verena Kast, Lebenskrisen werden Lebenschancen. Wendepunkte des Lebens aktiv gestalten

Vom Umgang mit der Krise und vom Finden der Ressourcen

Zu den Krisen, die einen Menschen im Leben treffen können, gehören auch lebensbedrohliche Krankheiten wie eine Krebserkrankung. Krisen im Zusammenhang mit einer Krebserkrankung können sowohl bei der erstmaligen Diagnose Krebs auftreten und dann vor allem – und meistens wesentlich akuter – bei einem Rezidiv, verbunden mit der generellen Verschlechterung des Zustandes. Sie können aber auch im Zusammenhang mit Problemen im Bereich der zwischenmenschlichen Beziehungen auftreten, in der Familie, aber auch in der Beziehung zu Ärzten und Ärztinnen oder dem Pflegepersonal. Krisen, wenn es denn Krisen sind, treten auf, wenn die neue Lebenssituation nicht mehr geleugnet werden kann.

Von einer Krise ist dann zu sprechen, wenn für einen oder mehrere Menschen ein belastendes Ungleichgewicht zwischen der subjektiven Bedeutung eines Problems und den zur Verfügung stehenden Bewältigungsmöglichkeiten entstanden ist. Diese Dynamik führt zu einer immer größer werdenden Einengung des Lebens hin, verbunden mit immer größer werdender, offener oder verdeckter Angst.

Es kann an nichts anderes mehr gedacht werden als an das zu bewältigende Problem. Wir erleben fast ausschließlich die Emotionen, die mit diesem Problem verbunden sind, in der Regel Angst und Verzweiflung. Gegenregulationen sind nicht mehr möglich. Es ist zum Beispiel nicht mehr möglich, das Problem ruhen zu lassen und etwa Musik zu genießen. Die Krise im eigentlichen Sinn bezeichnet einen Höhepunkt, einen Wendepunkt, einen Umschlagspunkt in dieser zunehmenden Einengung; die Situation hat sich zugespitzt und drängt auf eine Entscheidung hin. Psychisches Korrelat dieser Zuspitzung ist eine Verunsicherung des Identitätserlebens. In dieser Situation ist mehr Angst als gewöhnlich auszumachen, es ist aber auch eine größere Nähe zum Unbewussten, zu neuen Ideen, aber auch zu Mitmenschen vorhanden, falls die Krise nicht gerade darin besteht, dass man sich total abschottet. Entweder kann der Mensch in der Krise selber mit seiner Angst umgehen, sodass neue Ideen auftauchen – und damit Hoffnung, oder er findet jemanden, der ihn oder sie entängstigt (Krisenintervention), und es setzt eine Entlastung ein, oder aber die Krise verschwindet nach einiger Zeit, man hat sich an das Problem gewöhnt, ohne es auch nur in etwa zu lösen. Die Chance ist vertan.

Krisenhaft spitzt sich die Situation im Zusammenhang mit einer Krebserkrankung dann zu, wenn eine verstärkte Bedrohung erlebbar wird und das Ausmaß dieser Bedrohung nicht eingeschätzt werden kann, damit im Zusammenhang der Eindruck entsteht, keinen oder nur noch wenig Einfluß auf das eigene Leben nehmen zu können. Die Hilflosigkeit nimmt überhand, das Selbstvertrauen schwindet vorübergehend, die betroffenen Menschen sind im Selbstwertgefühl verunsichert. Mit anderen Worten: Die Angst nimmt überhand – und umgehen mit der Krise bedeutet umgehen mit der Angst, den Menschen in der Krise entängstigen, soweit das möglich ist. Angst erleben wir dann, wenn wir uns von einer Gefahr ergriffen fühlen, wenn wir uns bedroht fühlen oder ein bedrohliches Ereignis erwarten.

Aus: Verena Kast, Lebenskrisen werden Lebenschancen. Wendepunkte des Lebens aktiv gestalten

Komplexe als Brennpunkte der Entwicklung

Komplexe sind Brenn- oder Knotenpunkte des psychischen Lebens. Sie sind immer mit Emotionen verbunden. Wo Emotion ist, ist Leben. Jeder Mensch hat verschiedene Komplexe, sie machen die psychische Disposition aus. Komplexe zeigen die Stellen des Unangepasstseins. Komplexe springen meistens an, wenn das Lebensthema oder die Erfahrung, die im Komplex gebunden ist, angesprochen wird. Wenn also wiederum eine ähnliche Erfahrung gemacht wird, oder wenn sich ein ganz bestimmtes Gefühl oder Bild, das mit einem Komplex verbunden ist, konstelliert.

Das Gefühl der Einsamkeit am späten Sonntagnachmittag kann in der Frau mit dem Komplex im Bereich des Übersehenwerdens diesen Komplex aktivieren, auch wenn kein Mensch da ist, der sie übersehen könnte. Der Komplex kann also über Emotion oder über Information reaktiviert werden. Meistens steht dies im Zusammenhang mit einer Beziehungserfahrung, in der sich Aspekte des Komplexerlebens wiederbeleben.

Ist nun ein Komplex konstelliert, dann ist unsere Wahrnehmung etwas verzerrt. Wir nehmen die Situation durch die »Komplexbrille« wahr und deuten die Situation im Sinne des Komplexes. Beim Thema des Übersehens wähnt sich dann ein Mensch mit diesem Komplex schon lange »übersehen«, bevor ein anderer Mensch das auch konstatieren würde. Oder dieser Mensch geht schon mit der Erwartung an eine soziale Situation heran, dass er oder sie bestimmt wieder übersehen werden wird.

Komplexbereiche können mit dem Assoziationsexperiment, das ebenfalls von Jung entwickelt worden ist, diagnostiziert werden.[44] Beim Assoziationsexperiment wird verlangt, dass zu jedem Wort, das genannt wird (Stimulus, Reizwort), der erste Einfall genannt, also eine Assoziation beigebracht wird. Als Stimulus kann zum Beispiel das Wort grün gelten, und eine Assoziation dazu könnte »rot« sein, aber auch »Wiese« oder »Partei«. Es sind viele Reaktionen möglich. Trifft ein Reizwort nun einen Komplexbereich, dann ist der Vorgang der Assoziation gestört, es setzen Abwehrmechanismen ein, die beobachtet und gemessen werden können. Je mehr Abwehrmechanismen beobachtet werden können, je mehr Abwehr also nötig ist, um die auftretende Emotion zu kontrollieren, umso emotionsgeladener ist der Komplex, der abgewehrt werden muss. Diese Komplexe springen natürlich nicht nur im Experiment an. Wir sind sprechende Wesen, und wir wissen in der Regel, welche Themen Emotionen auslösen. In gewissen Familien gibt es bestimmte Themen, die nicht angesprochen werden dürfen, und es gibt durchaus Codewörter, die dieses Thema anspringen lassen. Man weiß dann, spielt man einen gewissen Begriff aus, dann geht jemand in der Familie hoch. Als Kind nützt man das absolut aus. Man weiß ganz genau, was man sagen muss, um in ein Wespennest hineinzustechen. Es gibt allerdings auch so etwas wie Familienkomplexe, tabuierte Familienthemen, die immer über gewisse Begriffe, oder eben Codewörter, anzusprechen sind. Dasselbe gilt etwa auch für die Beziehung zwischen Kindern und Lehrerinnen und Lehrern.

Springt bei uns ein emotional bedeutsamer Komplex an, dann ist unsere Wahrnehmung verzerrt. Wir haben eine emotionale Überreaktion. Wir nehmen im Sinne des Komplexes wahr. Das ist auch ein Grund dafür, dass gleiche Situationen von verschiedenen Menschen verschieden wahrgenommen werden, je nach ihrer Komplexkonstellation. Diese Konstellationen sind sozusagen der Kontext, in dem Leben wahrgenommen wird.

Unbewusste Komplexe führen zu so etwas wie einem Wiederholungszwang. Wir erleben immer dasselbe, weil wir die Realität durch einen Komplex gefiltert erleben. Wir suchen aber auch immer – komplexbedingt – nach demselben, wir suchen nach denselben Beurteilungen und Bestrafungen, und wir bekommen diese auch. Und wir haben auch eine sich gleichbleibende Abwehr. Die Frau mit dem Komplex im Bereich des Übersehenwerdens hat sich zum Beispiel in der Fantasie immer das geholt, was sie gebraucht hat. Das ist natürlich keine schlechte Abwehr.

Ihr Selbstwertgefühl wurde dadurch reguliert und ausbalanciert, das Problem allerdings wurde nicht bearbeitet. Die Abwehr ist ja notwendig, sie bewirkt, dass wir nicht von den Emotionen überschwemmt werden. Sie könnte uns geradezu in den Zustand versetzen, in dem wir die Probleme eigentlich angehen könnten.

Auch wenn die Komplexe von der Innenwelt oder der Außenwelt nicht angesprochen, also nicht konstelliert sind, wirken sie dennoch: Sie strukturieren unsere Interessen. Sie strukturieren das Erfassen von Welt und, ob konstelliert oder nicht konstelliert, sie sind Ausgangspunkte für Fantasien. Eine starke emotionale Reaktion kann man meistens leicht in ein Bild übersetzen. (…) Emotionen können in Bilder umgesetzt werden, und dann ist es möglich zu sehen, welcher Komplex mit der Emotion verbunden ist, aber auch, wie dieser Komplex im Medium der Fantasie ausgearbeitet werden kann. Gemäß der Theorie von der Selbstregulierung der Psyche[45] und den Komplexen liegt in der affektiven Störung die Energie, die dem Leidenden helfen könnte, sein Leben wieder effektiver zu gestalten. Man versenkt sich nun also in die Stimmungslage oder in die Emotion und schreibt alle Fantasien und alle Assoziationen, die auftauchen werden, nieder. Oder man gestaltet sie in irgendeiner anderen Form. Dieses Vorgehen, das weitgehend alle Techniken bestimmt, die im Rahmen der Jungschen Therapie angewendet werden, geht auf eine Erfahrung Jungs zurück, die beschrieben ist im Zusammenhang mit seiner Auseinandersetzung mit dem Unbewussten.[46] Jung beschreibt, wie er eine Situation, in der er sich offenbar emotional sehr aufgewühlt fühlte, bewältigte: »In dem Maße, wie es mir gelang, die Emotionen in Bilder zu übersetzen, d. h. diejenigen Bilder zu finden, die sich in ihnen verbargen, trat innere Beruhigung ein. Wenn ich es bei der Emotion belassen hätte, wäre ich womöglich von den Inhalten des Unbewussten zerrissen worden. Vielleicht hätte ich sie abspalten können, wäre dann aber unweigerlich in eine Neurose geraten, und schließlich hätten mich die Inhalte doch zerstört. Mein Experiment verschaffte mir die Erkenntnis, wie hilfreich es vom therapeutischen Gesichtspunkt aus ist, die hinter den Emotionen liegenden Bilder bewusst zu machen.«[47]

Diese Fantasien können auch gestaltet werden, etwa gemalt oder sonst in irgendeiner Weise dargestellt.[48] Dennoch: Wenn wir eine Ärgerfantasie haben, dann werden wir sie zunächst im imaginativen Raum haben.

Aus: Verena Kast, Abschied von der Opferrolle. Das eigene Leben leben

Auch Trennungen müssen betrauert werden

Wir verbringen unser Leben mit Halten und Lassen, und je bewusster wir erleben, wie vergänglich Leben ist, dass wir mit dem Tod leben, umso kostbarer werden uns unsere Erinnerungen, umso mehr gestalten wir, umso mehr lassen wir uns aufs Leben ein, bewahren, was war, so lebendig wie möglich in unserer Erinnerung. Vielleicht wollen wir auch nur festhalten und vergessen, dass wir abschiedlich leben müssen, immer wieder Abschied nehmen müssen auf eine neue Zukunft hin. Wir wollen vergessen, dass das Leben ein großer Prozess der Veränderung ist, in den wir eingebunden sind und dessen Regeln wir nicht ganz durchschauen. Wir wissen aber, dass es uns nicht bekommt, wenn wir uns diesen Veränderungen widersetzen, wir wissen auch, dass es uns nicht bekommt, wenn wir nur die Veränderungen sehen und nicht das Bleibende.

So müssen wir immer wieder loslassen, vertrauensvoll und mutig, in neue Lebenssituationen hinein, ohne zu verlieren, was das Leben uns schon gebracht hat.

Halten und lassen, uns binden und Abschied nehmen, die Vergänglichkeit erleben und sie doch auch aufgehoben wissen in jenen seltenen Momenten des Erfasstseins, Umfangenseins von Liebe, von denen wir das Gefühl haben, dass sie »ewig« sind, und die uns diese Vergänglichkeit auch transzendieren lassen; das fordert Leben angesichts des Todes – das verstehe ich unter abschiedlicher Existenz.

Abschiedliche Existenz meint also auch, sich vom Leben brauchen zu lassen, sich einzulassen auf das, was ist und was ansteht. Leben wird nicht weniger vergänglich, wenn wir uns nicht auf es einlassen, es wird bloß weniger intensiv.

Trennen heißt meistens, Vertrautes loslassen und sich in Unvertrautes hineinwagen; das macht uns Angst oder Wut, erfüllt uns mit Gefühlen von Unsicherheit und Verlassenheit. Umso wichtiger ist deshalb, dass wir bei unseren Abschieden nicht vergessen, was wir hinter uns lassen, und was wir ja nie wirklich verlieren, denn wir sind doch – in unserer ganzen Existenz – immer auch unsere eigene verleiblichte Geschichte und wir haben unsere Erinnerung.

Es scheint also so, als müssten wir an diesen Trennungsübergängen innehalten, uns in Erinnerung rufen, was wir verlieren, welche Gefühle damit verbunden sind – denn Verlust ist etwas, das uns in unserer Sicherheit bedroht und daher mit Gefühlen der Verlassenheit, der Unsicherheit, der Angst, Wut usw. verbunden ist – und dann das Verlorene als etwas sehen, was doch auch zu uns gehört, bis wir wieder einen Schritt in die Ungewissheit hineinwagen können, uns mit dem Leben und auf das Leben wieder neu einlassen können.

Aus: Verena Kast, Sich einlassen und loslassen, Neue Lebensmöglichkeiten bei Trauer und Trennung

Trauern als Prozess

Aus der Beobachtung von trauernden Menschen beim Tod eines von ihnen geliebten Menschen, besonders auch aus den Träumen, die Trauerprozesse regelmäßig begleiten, kann der typische Ablauf eines Trauerprozesses beschrieben werden.

Dieser Trauerprozess kann mit leichten Modifikationen, die jeweils zu beschreiben sind, auf andere Formen des Verlustes wie Trennung und Scheidung, Ablösung von den erwachsen gewordenen Kindern oder der Diagnose einer möglicherweise lebensbedrohlichen Krankheit übertragen werden.

Die erste Phase des Trauerprozesses nenne ich die Phase des Nicht-wahrhaben-Wollens: Man weigert sich zunächst zu glauben, dass ein Mensch wirklich gestorben ist, man steht unter Schock und versucht sich dadurch vor den Gefühlen des Verlustes zu retten, dass man sich einredet, alles wäre nur ein böser Traum, aus dem man erwachen werde.

In dieser ersten Phase, die Stunden oder Tage dauern kann, wirken die Menschen wie erstarrt. Sie geht dann in die zweite Phase, die Phase der »aufbrechenden chaotischen Emotionen« über, die nicht selten beim Anblick der Leiche beginnt, dann also, wenn wir den Verlust nicht mehr verdrängen können. Chaotisch nenne ich diese Emotionen deshalb, weil verschiedene, auch sich widersprechende heftige Gefühle erlebt werden: Kummer, Angst, Zorn, Schuld, Sehnsucht, Liebe usw. Auch verhältnismäßig ruhige Stunden gehören dazu, Stunden der Dankbarkeit oder gar der Freude. Besonders häufig treten quälende Schuldgefühle auf, die durch das Suchen und Finden von Sündenböcken zunächst einmal erfolgreich abgewehrt werden. Das Suchen von Sündenböcken ist bereits ein Versuch, mit der Angst umzugehen, die Beziehung nicht gut gelebt zu haben. Aber auch sonst ist in dieser Phase der Umgang mit der Angst sehr wichtig und zentral, meistens zunächst als Angst davor, wie man das Leben allein bewältigen soll und wie man mit einem solchen Verlust überhaupt weiterleben kann. Aber nicht allein Angst ist das zentrale Gefühl, sondern eine Menge von verwirrenden, sich auch widersprechenden Gefühlen werden in dieser Situation erlebt.

Es ist von großer Wichtigkeit, dass wir diese uns unangenehmen, uns auch verwirrenden Gefühle zulassen und ausdrücken dürfen – in ihrer ganzen Widersprüchlichkeit. Ambivalente Gefühle dem verstorbenen Menschen gegenüber, Hassgefühle und Liebesgefühle, müssen zugelassen und ausgedrückt werden. Das Ideal der Tapferkeit, des Sich-be-Herrschens, mag zwar für die Mitmenschen angenehm sein, führt aber leicht dazu, dass hier der Trauerprozess zu einem Stillstand kommt. Nur wenn wir diese Emotionen wirklich zulassen, kommen wir in Kontakt mit jenen Energien, die die Verarbeitung des Verlustes, wie wir sie für die dritte Phase des Trauerns kennen, ermöglichen. Wir kommen aber auch in Kontakt mit dem emotionalen Kern, mit der Grundlage unseres Selbst.

In dieser Phase ist es für die begleitenden Mitmenschen schwierig, die Trauernden zu begleiten: So werden in der Regel Gefühle der Angst, des Kummers zwar ganz gut ertragen, Gefühle der Wut, des Zorns aber werden eher abgewehrt. Auch fordern Mitmenschen schon nach ziemlich kurzer Zeit, dass Trauernde wieder »vernünftig« zu sein haben. Dabei gilt die Regel, dass sie rascher wieder gefasster sind, wenn sie ihre Gefühle wirklich ausdrücken durften, vielleicht dazu sogar ermuntert worden sind. Dabei sind gerade die Gefühle des Zorns wichtig, damit Trauernde nicht in der Depression versinken. Während dieser Phase kommt es oft zu Schlafstörungen und Appetitlosigkeit und auch zu einer erhöhten Anfälligkeit für Infekte. Das Gefühl, von der Welt und anderen Menschen getrennt zu sein, aber auch das Gefühl, den verstorbenen Menschen ganz und gar verloren zu haben, sind vorherrschend.

Die Phase der aufbrechenden chaotischen Emotionen geht in die dritte Phase, die Phase des Suchens – Findens –

und Sich-Trennens über. Hier findet nun die Trauerarbeit im engeren Sinn statt. Diese Phase ist dadurch gekennzeichnet, dass der verstorbene Mensch gesucht wird: in der Erinnerung natürlich, aber auch in Träumen und in Gesprächen mit anderen Menschen. Die Entwicklung dieses Prozesses wird dadurch eingeleitet, dass Trauernde in Gedanken nun sehr mit dem Verstorbenen beschäftigt sind. »Ich kann an nichts anderes denken als an den Verstorbenen«, heißt es dann etwa, und das ist genau das, was sie auch tun sollen.

Selbst wenn sie andauernd an den verstorbenen Menschen denken, denken sie dabei immer auch an sich und an die Beziehung, die zwischen ihnen bestanden hat. In dieser Phase geschieht eine Rückbesinnung auf sich selbst, auf das eigene Selbst, auch auf die eigenen Wurzeln, das hieß t auf das, was trägt im eigenen Leben, auf das, was bleibt.

Es geht bei diesem Denken an den Verstorbenen einmal darum, sich die Geschichte, die man mit diesem Menschen hatte, ins Bewusstsein zu rufen. Solange ein Mensch, mit dem wir in einer Beziehung stehen, noch lebt, ist diese Beziehung nicht zu einem Abschluss gekommen, wir können sie auch niemals dergestalt gefühlsmäßig in unserer Erinnerung präsent haben wie nach dem Tod dieses Menschen. Denn damit ist die Beziehung unveränderbar festgeschrieben, sie kann nicht mehr verändert werden, und wir stehen zudem unter dem Eindruck, dass hier etwas, was wichtig war für uns, zu einem Ende gekommen ist, wenigstens auf dieser Welt.

Bei dieser Erinnerungsarbeit, bei der das Erzählen von Geschichten aus dem gemeinsamen Leben mit dem

Verstorbenen eine große Bedeutung hat, geht es nicht nur darum, das gemeinsame äußere und innere Leben zu rekonstruieren. Es geht auch darum, Projektionen zurückzunehmen, zu sehen, wo man einem verstorbenen Menschen Wesenszüge von sich selber angelastet hat und an ihm diese dann vielleicht gehasst oder auch geliebt hat.

Projektionen zurücknehmen heißt dann, plötzlich zu erkennen, dass diese Wesenszüge zu einem selbst gehören. Kleinlichkeit etwa wird oft einem Partner oder einer Partnerin angelastet, stirbt dieser Mensch, stellt der oder die zurückgebliebene oft mit Entsetzen fest, dass das Kleinliche nicht aus dem Leben verschwunden ist und also wohl ein eigener Persönlichkeitszug sein muss. Manche Trauernde schämen sich etwas, wenn ihnen bewusst wird, wie sehr sie den Menschen, den sie doch geliebt haben, als Träger ihrer schlechten Eigenschaften benutzt haben.

Auch Delegationen müssen zurückgenommen werden: Wir sehen nicht nur die eigenen Eigenschaften irrtümlicherweise an unseren Mitmenschen, wir bringen sie sogar dazu, Eigenschaften von uns zu leben, Fähigkeiten zu entwickeln, die wir selbst auch entwickeln müssten, was uns aber zum Beispiel einfach zu mühsam, zu lästig erscheint. So stellen ältere Männer in ihren Trauerprozessen oft fest, dass sie ihre Frauen die ganze Beziehungsarbeit leisten ließen, sodass sie sich jetzt in »Gefühlsbereichen« richtig unbedarft und unsicher vorkommen.

Entscheidend wichtig ist für den Fortgang der Trauerarbeit, dass wir darin herausarbeiten, welche Wesenszüge ein Mensch, den wir verloren haben, in uns belebt hat. Jeder Mensch, zu dem wir in einer Beziehung stehen, vermag Seiten in uns anzusprechen, die eben gerade nur durch diesen Menschen geweckt und belebt werden können. In einer Liebesbeziehung ist es in der Regel so, dass tief verschwiegene Seiten in uns durch den Liebespartner oder die Liebespartnerin belebt, aus uns »herausgeliebt« werden können.

Was durch einen Menschen – im Guten oder im Schlechten – in uns belebt wurde, brauchen wir auch dann nicht verloren geben, wenn wir die Beziehung verlieren. Durch diese von ihnen in uns belebten Seiten leben auch die Toten in uns und in unserem Leben weiter.

Der verstorbene Mensch wird in dieser dritten Phase in vielfältiger Weise gesucht und gefunden, nicht zuletzt auch in Träumen, die dem Trauernden das Erlebnis vermitteln, dass der verstorbene Mensch in einer anderen Form weiterlebt. Dieses Bemühen um Erinnerung, diese hervorgerufenen Bilder von verstorbenen Menschen, gewinnen in der Erinnerung eine eigentümliche Deutlichkeit. Dadurch kommt es dann zu einer neuen Beziehung zu diesem Menschen, der nicht mehr der konkreten Alltagswelt angehört, mit dem dieser Alltag auch nur noch in sehr beschränktem Maß geteilt werden kann. Nicht selten wird zu Beginn dieser Phase der verstorbene Mensch auch idealisiert. Damit idealisiert man aber auch sich selbst. Das ist für ein hinreichend stabiles Selbstwertgefühl oft nötig, da es erlaubt, den Verlust verarbeiten zu können. Bei dieser Idealisierung kommt darüber hinaus zum Ausdruck, wie man selbst eine Beziehung wirklich haben möchte, wäre da nicht immer ein zweiter Mensch, dessen Wünsche auch berücksichtigt werden müssen. Dieses

Wissen um die tiefsten Beziehungswünsche sind für die Gestaltung der Zukunft sehr wichtig. Durch solch eine Idealisierung ergibt sich eine Harmonie mit dem verstorbenen Menschen, die allerdings selten andauern kann. Denn immer wieder wird im Alltag die gnadenlose und alltägliche Abwesenheit erlebt; sexuelle Bedürfnisse nach Zärtlichkeit erinnern an den Menschen, der nicht mehr da ist. Gerade in solchen Momenten wird das Erlebnis des Verlustes wieder übermächtig, der Trauernde wird wiederum von den aufbrechenden chaotischen Gefühlen überschwemmt. Auch die ambivalenten Gefühle dem verstorbenen Menschen gegenüber werden wiederbelebt. Bestehen noch viele Gefühle der Wut und des Hasses dem verstorbenen Menschen gegenüber, empfiehlt es sich, sie in einem fortlaufenden Brief an diesen Menschen auszudrücken und zu versuchen, wieder eine gewisse Gerechtigkeit herzustellen. Bei dieser Erinnerungsarbeit, bei der immer wieder auch Gefühle des Verlustes reaktiviert werden, die ja auch dem konkreten Verlust entsprechen, kann sich die innere Beziehung zum Verstorbenen verändern. Und auch der verstorbene Mensch verändert sich in der Erinnerung. Er geht dabei nicht verloren, er gehört sogar in seiner sehr unausweichlichen Art zu unserem Leben, aber der Mensch, der getrauert hat, wendet sich wiederum dem Leben zu, lässt sich vielleicht auch wieder neu in Beziehungen ein.

In dieser Trauerarbeit im engeren Sinn werden auch die Ressourcen eines Menschen erlebbar. Diese werden zunächst sichtbar in den sogenannten Gegenregulationsmitteln. Dabei werden immer wieder schwierige Situationen geschildert, gleichzeitig wird jeweils auch erwähnt, wie dieses Ungleichgewicht dann doch wieder austariert werden konnte. Gegenregulationsmittel sind ja meistens ganz alltägliche Dinge, die wir genießen und die uns wieder ins Lot bringen, wie es eine Frau formulierte. Sie helfen dabei, mit belastenden Situationen wesentlich besser umzugehen. Wenn wir zu ihnen greifen, gehen wir sozusagen aus dem Feld des Konfliktes und machen etwas, das uns wieder zu uns selbst bringt. Danach können wir die Belastungen besser angehen. In Krisen geraten wir zum einen dann, wenn die Gegenregulationsmittel überhaupt nicht mehr greifen, zum anderen aber auch, wenn wir gar nicht wissen, was denn eigentlich unsere Gegenregulationsmittel sind.

Im Folgenden zwei Beispiele, die zeigen, wie solch eine Gegenregulation praktisch aussehen kann:

Ein Mann, der in seiner Firma unter großem Stress stand – er war ein sehr überforderter Chef –, kochte zusammen mit seiner Frau und seinen Kindern stundenlang. Dabei fand er sich selber, fand er sein Zentrum wieder. Natürlich dachte er zunächst trotzig, dass durch den Tod seiner Frau und dem Auszug der erwachsenen Kinder dieses Regulationsmittel nicht mehr brauchbar sei. Dann stellte er aber fest, dass er auch allein kochen konnte und sich sehr freute, wenn die Menschen sich gerne zu einem Essen bei ihm einladen ließen. Er hatte eine wichtige Ressource in seinem Leben sich wieder zurückerobert.

Eine Frau, deren Mann sie oft entwertet hatte, zeichnete gerne Bäume, besonders um sich zu beruhigen, wenn sie sich schlecht fühlte. Im Trauerprozess erinnerte sie sich plötzlich wieder daran. Vorlagen waren Fotos von verletzten Bäumen, die sie fotografiert hatte. Sie wusste nicht wirklich, was sie tat, aber sie spürte, dass sie wieder »ins Lot« kam. Es gelang ihr, auch die Verletzung in ihrer Schönheit zu erkennen.

Am Ende der dritten Phase ist der Verlust akzeptiert – man nähert sich wieder mehr der gemeinsamen Welt der Menschen an. In den Märchensymbolen ausgedrückt, würde man jetzt den Wald verlassen. Dieser schwierige psychische Prozess, bei dem die Erinnerung an den verstorbenen Menschen sowohl ganz stark intensiviert als auch verinnerlicht wird, gleichzeitig der verstorbene Mensch sich auch entfernen darf, kommt mit allem, was in dieser Beziehung möglich war, zu einem Abschluss. Der Trauernde oder die Trauernde hat sich von einem Beziehungsselbst auf sein oder ihr individuelles Selbst wieder zurückorganisiert. Jetzt kann und muss auch der Schmerz um den verstorbenen Menschen geopfert werden. Gelegentlich kommt es nämlich vor, dass der seelische Schmerz oder auch körperliche Schmerzen an die Stelle des verstorbenen Menschen treten. Würde man den Schmerz opfern, so meinen diese Menschen oft, würden sie den Verstorbenen vergessen. Viele Menschen kommen sich treulos vor, wenn sie einfach wieder weiterleben. Sie meinen dann, den Schmerz behalten zu müssen, sozusagen als Ersatz für den verstorbenen Menschen. Sie glauben, ihr neuerwachtes Interesse am Leben opfern zu müssen. Dieser über die Zeit hinaus »zurückbehaltene« Schmerz quält allerdings nur, setzt aber keine Entwicklung mehr in Gang. Viele Träume, die sich mit der Frage der Treue einem Verstorbenen gegenüber auseinandersetzen, geben letztlich die Botschaft: Man muss nicht den Toten treu bleiben, sondern dem Leben, dann ist man den Verstorbenen am meisten treu.

Hat man den Verlust akzeptiert, versteht man sich selbst dann als Mensch, der zwar einen Verlust erlitten hat, aber doch auch wieder für sich allein ganz sein kann. Die Erinnerung an das Leben mit dem verstorbenen Menschen wird immer wieder auftauchen. Sie gehört auch zu diesem neuen Leben, sie beherrscht nicht mehr das ganze Leben. Ein Gefühl der Dankbarkeit kann nun erlebt werden für die Wegstrecke, die man mit einem Menschen zurücklegen durfte, für das, was in uns durch den verstorbenen Menschen geweckt worden ist. Manchmal ist das Bedauern darüber hineingemischt, dass zu wenig aus der Beziehung gemacht worden ist, dass man zu vieles aufgeschoben hat auf einen späteren Zeitpunkt, den nun nicht mehr kompensiert, dass man zu wenig geklärt hat.

Damit tritt man in die vierte Phase, die Phase des neuen Selbst- und Weltbezugs ein. Beziehungen zu anderen Menschen oder einem neuen Partner werden kostbar für Menschen, die einen Verlust erlitten haben. Geht ein Mensch nach einem Verlust, der betrauert worden ist, wieder eine Beziehung ein, dann mit sich widerstreitenden Gefühlen. Diese Person wird sich ganz einlassen wollen auf den anderen; aber sie weiß darum, dass Beziehungen endlich sein können. Und so besteht auch die Angst davor, sich ganz einzulassen, denn jetzt kennt man den Preis dafür: die Gefühle des Verlustes, die Zeiten der Trauer.

In dem Prozess wurde aber auch gelernt, dass Verluste betrauert werden können, dass Trauerarbeit harte Arbeit ist. Man hat erfahren, dass sie einen nicht umbringt, sondern im Gegenteil auch in bewussteren Kontakt mit sich selbst und auch in Kontakt mit neuen Seiten von sich selbst bringt. Auch wird durch den Trauerprozess meistens bewusst deutlich, wo ein Mensch seine Ressourcen hat: Alltäglich dadurch, dass Menschen erkennen, wie sie normalerweise mit sich selbst umgehen, wenn es ihnen schlecht geht. Sie können nun diese Selbstregulationsmethoden bewusst anwenden und auch perfektionieren. Es kann Menschen im Trauerprozess aber auch aufgehen, was sie wirklich trägt im Leben – und das sind sehr wichtige Ressourcen. Durch den Trauerprozess wird Todesbewusstsein ein Aspekt des Selbstbewusstseins. Dies ist ein ganz wichtiger Aspekt, der zur Stabilisierung des Selbstgefühls beiträgt.

Der Trauerprozess kann also besonders in folgenden Aspekten als Modell für die Möglichkeit gelten, jeweils so loszulassen, dass wir wieder neu unsere Identität finden: Es geht um das Zulassen der verschiedenen heftigen Emotionen und das Herausspüren von dem, was in unserer Seele durch das, was wir jetzt verloren haben, belebt worden ist. Damit tritt die bewusste Besinnung auf das individuelle Selbst ein, das in dieser Situation meistens recht unverstellt ist. Trotz des Schmerzes werden wir in unserer erlebten Identität auch sicherer, fühlen uns mit unseren Gefühlen verbunden und haben dadurch mehr innere Geborgenheit, sind mehr wir selbst.

Wenn wir gelernt haben zu trauern, können wir auch im Alltag besser loslassen, wir können besser abschiedlich existieren. Haben wir aber gelernt, im Alltag besser loszulassen, können wir wiederum mit der Erfahrung Tod besser umgehen. Der Trauerprozess zeigt nun in psychologischer, nicht mehr in symbolischer Sprache, wie man einen Lebensübergang, der das gewohnte Leben unterbricht, emotional bewältigen kann. Als Einstieg dazu ist es absolut notwendig, dass man sich den Emotionen überlässt, und dann setzt ein eigentümlicher Prozess von Erinnern und Vergessen ein: Man erinnert noch einmal den Weg, den man mit einem Menschen gemeinsam gegangen ist. Man besinnt sich auf die Wirkung, die der verlorene Mensch auf das eigene Leben gehabt hat. Und dabei wird auch Ausgespartes bewusst, das im eigenen Leben nicht Gelebte, was auch hätte gelebt werden können. Man lebt dann weiter, wobei vor allem das nicht Gelebte, das noch zu Lebende, vorwärtsdrängt. Ressourcen werden erlebbar, aber auch Unabgegoltenes. Indem man erinnert, was so wichtig war für das eigene Leben, lernt man auch zu vergessen, man ist nicht mehr einfach nur der Vergangenheit verhaftet, sondern hat wiederum eine Zukunft.

Der Trauerprozess als Prozess bedeutet auch innezuhalten, sich zu besinnen auf sich selbst und auf das, was verloren ist. Die Lebensangst, die zur Trauer gehört, wird im Verlaufe des Trauerprozesses weniger, und es entsteht wiederum ein Interesse am Leben, eine Hoffnung auf Zukunft. Der Trauerprozess braucht Zeit – um zu erinnern, um die verschiedenen Emotionen zuzulassen und sie auszudrücken. Man braucht Zeit für die Innenwelt, die sich deutlich umstrukturiert. Diese Zeit ist in unserer geschäftigen Zeit kaum vorgesehen, wir müssen sie uns also bewusst nehmen. Auch kann man nicht einfach einen »Trauerurlaub« nehmen wie etwa einen Mutterschaftsurlaub – die Gefühle der Trauer überfallen Menschen immer wieder unerwartet, und ebenso gibt es immer wieder Zeiten, in denen man sich gut mit dem Verlust abfinden kann. Sich mit den Gefühlen der Trauer zu beschäftigen, sich für diese Zeit nehmen, das muss man dann und kann man nun, wenn sie erlebbar sind.

Zu einer bleibenden, meist depressiven Krise wird ein Verlust dann, wenn ein Mensch zu wenig das eigene Selbst gelebt hat, sich zu sehr dem anderen Menschen angepasst hat, und dabei die eigenen Bedürfnisse, oft auch die eigenen Lebensmöglichkeiten und Qualitäten, das eigene Leben also, vernachlässigt hat. Damit verbunden ist meistens, dass diese Menschen sich ihren Selbstwert zu sehr von dem Menschen haben geben lassen, an den man sich angepasst hat. Ist dieser nun gestorben, dann hat man nicht nur einen wichtigen Menschen verloren, sondern man hat auch den Menschen verloren, der einem den Selbstwert garantiert hat und für den man – gefragt oder ungefragt – das eigene Selbst aufgegeben hat. Auf das eigene Selbst kann man sich aber nur zurückorganisieren, wenn es auch vorhanden ist. Die Depression erzwingt dann die Suche nach dem eigenen Selbst und dem damit verbundenen Selbstwertgefühl.

Aus: Verena Kast, Lebenskrisen werden Lebenschancen. Wendepunkte des Lebens aktiv gestalten

Was könnten die Chancen sein?

Es wäre gut, wenn eine Krisenfreundlichkeit entstehen könnte, die den Umgang mit den eigenen Krisen erleichtert; Vertrauen ins Leben und Umgang mit der Angst könnten gelernt werden. Es könnte gelernt werden, immer wieder Abschied zu nehmen, abschiedlich zu leben. Dies wäre eine sehr kreative Lebensform.

Die Krisen der Sterbenden markieren wichtige Wegmarken in Ablöseprozessen: das Verleugnen der Notwendigkeit, Abschied zu nehmen, schließlich das Akzeptieren, verbunden mit vielen verschiedenen Gefühlen. Da könnte man dazu angehalten werden, eigene Verleugnungsstrategien zu durchleuchten, aber auch, die eigenen Gefühle wahrzunehmen und auszudrücken, dies auch schon, bevor man in einem großen Trauerprozess steht, und das hieße auch, mehr echt zu sein, immer mehr bei sich zu sein. Man kann als Betreuer oder Betreuerin aber gerade auch in das Gegenteil verfallen, alle Gefühle abwehren. Das Erinnern und Wertschätzen dessen, was war, ist zunächst meistens mit Wut verbunden. Wenn diese Wut zugelassen wird, kann sie in Dankbarkeit münden. Dieser Prozess könnte lehren, wie Abschiede von Lebenssituationen aussehen könnten, ohne dass man sich nur beraubt vorkommt. Allgemeiner gesagt: Von all den Krisen wird man auch etwas angesteckt – man wird sich also um letzte Fragen, um Fragen nach dem Sinn des Lebens, nicht drücken können, so wenig wie um Themen der Vergänglichkeit und den daraus folgenden Konsequenzen. Ein emotionales Umgehen mit diesen Themen müsste helfen, das eigene Leben bewusster zu leben, es könnte kostbarer werden.

Der Umgang mit den Krisen der Sterbenden kann jedoch umgekehrt auch dazu führen, dass wir alle diese Themen abwehren müssen bis dahin, dass wir eine kalte, fast zynische Haltung einnehmen müssen, weil wir sonst diese emotionalen Turbulenzen nicht auch noch verkraften.

Was entscheidet letztlich darüber, ob wir aus diesen Krisen lernen, selber krisenfreundlich, kompetent im Umgang mit Krisen, emotional echter und vertrauensvoller zu werden, uns letzte Fragen zu stellen wagen oder ob wir abwehren müssen, die Arbeit dann wohl auch vornehmlich unter dem Aspekt der Belastung sehen?

Neben individuellen Faktoren spielt vor allem eine Rolle, ob auch Muße vorhanden ist, Zeit zum Nachfühlen, Zeit, um das Erlebte zu verarbeiten, und ob eine andere Person da ist, die die Emotionen aufnimmt, ohne sie zu schönen. Fehlt die Muße und fehlen Menschen, die allenfalls auch einmal eine Krisenintervention machen, dann könnten die Chancen bald einmal auch keine Chancen mehr sein.

Aus: Verena Kast, Lebenskrisen werden Lebenschancen. Wendepunkte des Lebens aktiv gestalten

IV Versöhnen: Sinn und Verbundenheit im Leben erfahren

Imagination als Ressource

In der Vorstellungskraft haben wir ein Bild von etwas, mehr oder weniger sinnlich wahrnehmbar, auch wenn kein äußerer Reiz (mehr) vorhanden ist, eine Vorstellung von nicht mehr oder noch nicht Präsentem.[49] Die Fähigkeit zur Imagination ist eine normale menschliche Fähigkeit, die allerdings geschult werden kann. Das geschieht, indem man die verschiedenen Kanäle der Wahrnehmung schult und übt. Nah bei der Wahrnehmung benutzt die Imagination alle Kanäle der Wahrnehmung, die sich leicht untereinander verbinden lassen. Eine Zitrone kann man leicht in der Vorstellung sehen, man kann sie auch riechen, und wenn man imaginativ hineinbeißt, kann man sie auch schmecken. Und etwas Ähnliches lässt sich auch mit Nicht-Materiellem machen: In imaginativen Prozessen kann man diagnostisch Beziehungsverhalten, Konflikte, Bedürfnisse, Eigenheiten, Wünsche, Emotionen hervorrufen und deren Abwehr ausmachen. Man kann therapeutisch Szenarien einer guten Zukunft entwerfen und positive Selbstbilder kreieren; dabei sind verschiedene Selbstentwürfe möglich.

Und doch ist es mehr als ein Probehandeln, denn es sind Entwürfe der eigenen Existenz, mit denen man sich wiederum auseinandersetzen kann.

Und ein ganz besonders wichtiger Punkt: In den Vorstellungen zeigen sich unsere Emotionen. Sie können anhand dieser Vorstellungen auch bearbeitet werden. Wir hätten keine Angst vor einem Hund, wenn wir uns nicht vorstellen würden, dass der Hund zubeißen könnte. Wir können uns aber den uns ängstigenden Hund auch mit Maulkorb vorstellen, dann ängstigt er uns in der Vorstellung weniger. Ängstigt uns aber etwas in der Vorstellung weniger, so kann das meistens recht gut auf das Alltagsleben übertragen werden. (…)

Imaginationen begleiten die Wahrnehmung und machen ein Ganzes daraus, sie sind ein grundlegendes Prinzip menschlicher Informations- und Emotionsverarbeitung, eine subjektive Simulation von Welt, und diese kann kreativ oder pathologisch sein. Der Raum der Imagination ist ein geheimnisvoller Raum zwischen Außenwelt und Innenwelt, erfüllt von Assoziationen an Erlebtes. Er ist allerdings von sinnlich Erfahrenem abhängig, aber in hohem Maße veränderbar je nach Emotion, je nachdem, was in der Innenwelt konstelliert ist. Erinnerung spielt dabei eine wichtige Rolle, aber diese Erinnerung kann auch umgeschaffen werden, und Fantasien im Sinne von neuen Kombinationen sind möglich. In der Imagination kann man sich Räume erschließen, in denen uns wohl ist, Räume, in denen wir unsere Identität stabilisieren können, wir können Probleme darstellen und uns mit ihnen auseinandersetzen – und man kann diesen Raum der Imagination auch miteinander teilen und miteinander Erfahrenes, auch Schreckliches, verarbeiten und den verschwiegensten Wünschen erstmals Raum geben. Der Vorstellungsraum, ähnlich wie der Erzählraum, ist ein Raum, den man mit einem anderen Menschen teilen kann, und das bewusste Teilen von Imaginationen verstärkt die soziale und emotionale Nähe. Das wird am deutlichsten in den Phasen der Verliebtheit, in denen man sich solche Fantasien durchaus mitteilt! In der Imagination ist man selbst aktiv – und kann das auch sehr lange bleiben.

Eine krebskranke Frau, kurz vor dem Tod stehend, sagt: »Ich sehe jetzt immer wieder Bilder des dichten Lebens vor mir – das ist ein wunderschöner Abschied vom Leben. Ich rieche noch einmal das Meer, das ich so sehr geliebt habe, den Duft meiner Kinder, als sie Säuglinge waren …« Diese Frau hatte nach ihrer Erkrankung intensiv mit Imaginationen gearbeitet. Sie hat das imaginiert, was ihr wohlgetan hat in ihrem Leben, und war nun in der Lage, auf diese Ressourcen zurückzugreifen.

Aus: Verena Kast, Lebenskrisen werden Lebenschancen. Wendepunkte des Lebens aktiv gestalten

Der schöpferische Prozess

Sind Probleme nicht auf gewohnte Art zu lösen, müssen wir kreativ werden. Wir können den schöpferischen Prozess an sich gut beschreiben. Wie allerdings der schöpferische und lösende Einfall zustande kommt, bleibt geheimnisvoll. Wir wissen aber, dass es ihn unter gewissen Bedingungen immer wieder gibt. Auf schöpferische Einfälle kann man zählen, auf schöpferische Einfälle zählen wir auch, sonst wären wir Menschen schon längst untergegangen.

Der schöpferische Prozess beginnt mit einer Vorbereitungsphase: In dieser Phase versuchen wir, ein Problem mit den gängigen Methoden zu lösen. Wir beschreiben das Problem, stellen es in vielfältige Zusammenhänge, lesen vielleicht Literatur zum Thema und holen verschiedene Meinungen ein. Wir sammeln Wissen, kognitives und emotionales, entwickeln Ideen. Wenn keine Idee so richtig greift, bemerken wir, dass wir mit unseren üblichen Mitteln nicht weiterkommen. Dann geben wir scheinbar auf und ziehen unser Interesse von dem Problem ab. Das geschieht in der sogenannten Inkubationsphase: Wir befassen uns zwar nicht mehr hauptsächlich mit dem Problem, aber wir spüren, dass es immer noch in uns gärt. In dieser Phase sind wir unzufrieden, zweifeln an uns selbst, an unserer Kompetenz. Dadurch kann die Angst immer dominierender werden. Sie kann so sehr verstärkt werden, dass das Selbstwertgefühl in Mitleidenschaft gezogen ist. Und neue Einfälle, die normalerweise diese Phase beenden, werden blockiert, wenn durch das nicht Finden eines Einfalls Beeinträchtigungen und Verluste befürchtet werden (Ansehen, Karriere, Selbstbild). Wir haben es dann mit einem Kreativitätsblock zu tun, der mit der Angst im Zusammenhang steht, und der oft auch einer Krisenintervention bedarf. Ist weniger Angst vorhanden, wird die Inkubationsphase durch einen Einfall beendet, der plötzlich oder nach und nach Gestalt annimmt, der dann formuliert und verifiziert oder falsifiziert wird. Der Mensch, der ein Problem lösen will, fühlt sich blockiert, fantasielos, ohne Energie, ängstlich, in ernste Selbstzweifel verstrickt und findet nicht heraus. Je mehr Angst mit der Lösung eines Problems verbunden ist, um so größer ist die Blockierung. Und Menschen, die sich in einer Krise befinden, fühlen sich in dieser Situation blockiert. Auch sie haben zunächst versucht, mit den üblichen Mitteln ihr Problem zu lösen, auch sie stellen irgendwann fest, dass sie es so nicht lösen können, und dann geraten sie in Panik. Diese kann sich in aufgeregter Angst oder aber auch in einer Versteinerung zeigen. Dadurch hemmen sie ihr Unbewusstes zusätzlich, es fällt ihnen nichts mehr ein. Sie kommen nicht in die sogenannte Einsichtsphase: Aus der Phase der Inkubation erfolgt nämlich normalerweise plötzlich und unvorhersagbar der Moment der Einsicht; ein Gedankenblitz überfällt uns, eine Einsicht: So könnte es gehen. Bei großen schöpferischen Ideen wird in diesem Zusammenhang immer auch einmal vom »göttlichen Funken« gesprochen. Diese Einsichtsphase ist begleitet von Gefühlen der Erleichterung, der Freude, der Inspiration. Der Einsichtsphase folgt die Verifikationsphase, in der das Gefundene überprüft werden muss: Taugt die gefundene Idee dazu, das gestellte Problem zu lösen? Die Einsicht wird geformt, kommuniziert, getestet. Die Emotionen, die damit verbunden sind, sind meistens Emotionen der Inspiration und der Konzentration.

Sieht man Krisenprozesse in der Analogie zu schöpferischen Prozessen, dann wird die Bedeutung der Angst klar:

Sie entscheidet darüber, ob der Mensch in der Krise einen schöpferischen Einfall hat oder sich gelähmt fühlt. Es wird aber auch deutlich, dass uns – im richtigen Zeitpunkt – schon etwas einfallen wird, vorausgesetzt, wir können mit der Angst umgehen. Ist eine Lösung gefunden, muss sie schließlich geprüft werden.

Legt man der Krisentheorie eine Theorie des Schöpferischen zugrunde, dann geht man davon aus, dass bei der Zuspitzung der Krise mögliche neue Lebensthemen unbewusst bereits vorhanden sind, gleichsam im Sinne einer Selbstregulierung der Psyche. Sie können vom Menschen in der Krise jedoch noch nicht wahrgenommen oder nicht genützt werden und müssen also entbunden werden, allenfalls in einer Krisenintervention. Diese neuen Themen, die dabei ans Licht wollen, können Lösungen für anstehende Lebensschwierigkeiten mit sich bringen oder zumindest bewirken, dass gewisse Schwierigkeiten nicht mehr so sehr im Zentrum stehen. Dieses sich in Entwicklung befindende Thema kann sogar die Krise noch verschärfen, weil eine Entscheidung immer unabdingbarer wird, der Konflikt zwischen dem, was ist, und dem, was werden könnte, sich immer mehr zuspitzt.

Diese Sicht der Krise überzeugt unmittelbar bei den sogenannten Entwicklungskrisen. Da findet zum Beispiel ein adoleszenter Jugendlicher nicht hinaus ins Leben, bleibt in der Haltung eines Schulkindes in seiner Familie. Er macht offensichtlich keine sichtbaren Probleme, aber wird von Tag zu Tag depressiver und lässt in den Schulleistungen nach. Diese Krise, die leise und ohne lärmende Symptomatik[50] auftaucht, kann so verstanden werden, dass die Aggression, die zur Bewältigung der neuen Entwicklungsanforderung, der Ablösung vom Elternhaus, benötigt würde, sich gegen sich selbst wendet. Sie zeigt sich in der Depression, in der Selbstsabotage. Kann der Adoleszente entängstigt werden, entweder durch veränderte günstige Lebensumstände oder durch eine Therapie, werden die natürlichen Entwicklungsanforderungen gelebt, und die Krise ist überstanden. Anders sieht es bei den Verlustkrisen aus: Da werden wir in eine neue Lebenssituation unter Umständen sehr abrupt hineingestellt – ohne dass zuvor schon eine Entwicklung eingesetzt hätte. Um die Situation des Verlustes zu meistern, entwickeln wir neue Fähigkeiten und Fertigkeiten, auch neue Verhaltensmöglichkeiten – auch bei Verlusterfahrungen müssen wir einen Entwicklungsschritt leisten.

Aus: Verena Kast, Lebenskrisen werden Lebenschancen. Wendepunkte des Lebens aktiv gestalten

Individuationsprozess als Sinnerfahrung?

C. G. Jung war meines Wissens der erste Forscher, der einen Entwicklungsprozess auch noch in der zweiten Lebenshälfte als möglich und verwirklichbar annahm. Dieser Entwicklungsprozess wird definiert als Individuationsprozess, der besagt, dass wir im Laufe des Lebens immer mehr der oder die werden sollten, die wir eigentlich sind, immer echter, immer mehr wir selbst, immer stimmiger mit uns selbst. Als Symbol dafür wird immer wieder das Bild von einem

Samen und dem daraus wachsenden Baum gebraucht. So muss aus einer Eichel eine Eiche werden: Eine Eichel kann sich nicht entscheiden, zu einer Buche zu werden. Je nachdem, wo die Eichel hingefallen ist, wird sie sich aber etwas anders entwickeln. Die Stürme werden sie mehr oder weniger zerzausen, eine für sie gute Umgebung wird es ihr ermöglichen, zu einem stabilen Eichenbaum zu werden. Der Individuationsprozess ist einerseits ein Integrationsprozess: Wir integrieren im Laufe eines Lebens die unterschiedlichen Seiten an uns, die zu uns gehören. Die Anregung dazu kann aus unserem Unbewussten kommen, oder auch aus der Auseinandersetzung mit der Mitwelt. Der Individuationsprozess ist andererseits ein Prozess der Abgrenzung, des Gewinnens von immer mehr Autonomie, mehr Freiheit. Abgrenzung: Einmal bedeutet das eine bewusste Auseinandersetzung mit dem kollektiven Bewusstsein, mit Rollen und Normen, mit Autoritäten, andererseits auch eine altersgemäße Ablösung von den Elternkomplexen, eine Auseinandersetzung mit Komplexen überhaupt, die uns nicht ermöglichen, das zu leben, was wir leben wollen, sondern die in uns einen gewissen Wiederholungszwang bewirken.[51] Der Individuationsprozess ist gekennzeichnet von konsequentem Fragen nach »mir selbst« – in der Beziehung zu meinem Unbewussten, meinen Mitmenschen, der Mitwelt. Und darauf gibt es immer wieder Antworten, die mich als einmaligen Menschen mit einmaligen Anforderungen des Lebens zeigen. Diese Antworten sind vorläufig und auf Korrigierbarkeit hin angelegt.

Jung bezeichnet den Individuationsprozess einerseits als internen, subjektiven Integrationsvorgang, d. h. in diesem Prozess stehend lernt der Mensch immer mehr Seiten an sich kennen und tritt mit ihnen in Kontakt; verbindet sie mit dem Bild von sich selbst, zum Beispiel durch Rücknahme von Projektionen. Andererseits ist der Individuationsprozess ein interpersoneller, intersubjektiver Beziehungsvorgang. Jung: »Denn die Beziehung zum Selbst ist zugleich die Beziehung zum Mitmenschen, und keiner hat einen Zusammenhang mit diesem, er habe ihn denn zuvor mit sich selbst.«[52] Heute wird dieses Verhältnis nicht als zeitliches Nacheinander verstanden, sondern dialogisch: Die Beziehung zum Selbst und zum Mitmenschen bedingen einander.

Es geht also beim Individuationsprozess nicht nur um das Erreichen von Autonomie und damit von mehr Freiheit – darum geht es auch –, sondern immer auch um die Entwicklung zu mehr Beziehungsfähigkeit und um mehr Echtheit. Es geht um Autonomie innerhalb von Beziehung.

Individuation ist ein Prozess und letztlich auch ein Ziel. Als Ziel ist Ganzwerden eine Utopie, die wir nie erreichen, wir sind bestenfalls auf dem Weg, und auf diesem Weg bleibt man auch immer wieder einmal stecken. Der Prozess indessen erfüllt die Dauer des Lebens mit Sinn.[53] Dieser Prozess besteht in einer kontinuierlichen Auseinandersetzung zwischen Bewusstsein und Unbewusstem, die sich in zwischenmenschlichen Beziehungsmustern und Spannungen zeigt. Diese Gegensätze müssen ausgehalten werden, bis sich neue Systeme bilden, die sich meistens auch in Symbolen zeigen. Im Verlaufe dieses Prozesses werden einige besonders wichtige Archetypen – wie

Animus und Anima (Bilder des geheimnisvollen Fremden oder der geheimnisvollen Fremden, die einerseits die Ablösung von den Elternkomplexen bewirken, andererseits mehr zur eigenen Mitte hinführen und die Beziehungen steuern) – und die vielfältigen Bilder des Schattens belebt. Jung sieht ein Zentrum im Menschen, das diesen Individuationsprozess intendiert und bewirkt: Das Selbst, dem der Ichkomplex gegenübersteht.

Was versteht man unter dem Selbst im Jungschen Sinn?

Jung sieht im Selbst ein wegweisendes Prinzip im Menschen. Dieses sei der geheime Spiritus Rector unseres Lebens. Es bewirke, dass wir sind und uns entwickeln.[54] Das Selbst wirkt als apriorisches Gestaltungsprinzip in uns, das auch den Aufbau des Ichkomplexes und unser Gefühl der Identität steuert. Weiter wird das Selbst als Ursache für die Selbstregulierung der Psyche angesehen: Für Jung ist das psychische System – dies formulierte er schon 1916 – ein sich selbst regulierendes System, wie auch der lebende Körper. Diese Selbstregulation wird vor allem darin wirksam, dass das Unbewusste gegen bewusste Einseitigkeiten reagiert, sodass die Integrität der Gesamtstruktur gewahrt bleibt. Der Mensch bleibt dennoch fähig, seinen jeweiligen Standpunkt zu transzendieren, sich also zu wandeln.[55]

Das Selbst als zentraler Archetypus wird von Jung weiter beschrieben als Grund und Ursprung der individuellen Persönlichkeit. Es umfasst diese individuelle Persönlichkeit in Vergangenheit, Gegenwart und Zukunft.[56] Symbolisch erscheint das Selbst oft in der Vereinigung von Gegensätzen, auch in abstrakten Symbolen, die eine Ganzheit symbolisieren und deren Wesen es ist, dass viele mögliche Gegensätze in ihnen enthalten, aber nicht aufgehoben sein müssen. Solche Symbole sind zum Beispiel der Kreis, die Kugel, das Kreuz.

Wird der Archetypus des Selbst erlebt – dies geschieht meistens in Träumen oder ausgedrückt in gemalten Bildern –, dann entsteht ein Lebensgefühl der Selbstzentrierung, der Schicksalhaftigkeit einer Situation. Dieses Gefühl wird begleitet vom Erleben einer fraglosen Identität, einem unabweisbaren Sinnerleben und einem sicheren Selbstwertgefühl. Das Selbst gilt dann auch strukturell als Archetypus der Ordnung und der Selbstzentrierung, von der Dynamik her ist es der Archetypus, der zur Selbst-Werdung anregt. Im Folgenden möchte ich nochmals auf besondere Aspekte der Archetypen eingehen.

Bei ihnen handelt es sich um anthropologische Konstanten des Erlebens, des Abbildens, des Verarbeitens und des Verhaltens. Sie sind Ausdruck der Menschenart des Menschen.[57] Der Archetypus ist einerseits ein Struktur gebender Faktor im psychischen und im physischen Bereich, andererseits ein dynamischer Faktor. Das heißt, Menschen haben in bestimmten Lebenssituationen vergleichbare Emotionen, vergleichbare Bilder, ähnliche körperliche Reaktionen und ein ähnliches Verhalten. Archetypen an sich sind vorgegebene Kategorien, die uns helfen, die vielen Wahrnehmungen, Emotionen etc. zu ordnen, chaotische Eindrücke in sinnvollen Einheiten zu bündeln. Die archetypischen Vorstellungen, die archetypischen Bilder, die auf dieser Struktur beruhen, sind Bilder, die sich in der Menschheitsgeschichte schon immer nachweisen lassen. Sie sind faszinierend, numinos, haben die Qualität der religiösen Erfahrung, wecken starke Gefühle und geben uns das Gefühl, etwas Bedeutendes zu erleben. Diese archetypischen Bilder sind in der Regel vermittelt durch unsere persönlichen Komplexe und werden durch diese individuell eingefärbt.

Aber archetypische Strukturen helfen nicht nur, die Welt und uns selbst sinnvoll zu erkennen, mit emotional verstörenden Situationen gut umzugehen, von ihnen gehen auch neue schöpferische Impulse aus. Sie haben Unabgegoltenes[58] in sich, können Fantasieelemente wecken, die der psychischen Entwicklung des Einzelnen dienen, ja sogar auf dem Wege der Fantasie Erlebnisse ermöglichen, die im konkreten Leben zu wenig erlebt worden sind, und die dann durch die Fantasie überhaupt initiiert oder zumindest verstärkt werden, also eigentlich schöpferische Impulse hervorbringen.

Das Selbst wird gesehen als Archetypus der Ordnung und der Zentrierung, von dem ein Impuls zur Entwicklung, zur Selbstverwirklichung ausgeht.

Dieses Selbst könnte man als das je eigene Selbst bezeichnen. Es ist etwas, das die jeweilige Ganzheit für das Individuum anregt und durch das Ich realisiert werden muss. Das Verhältnis von Selbst und Ich besteht in einer gegenseitigen Fundierung – keines kann ohne das andere existieren.

Jung spricht dann weiter auch von »dem Selbst«. »Das Selbst« wäre dann der ewige oder universale Mensch in uns, »der runde, d. h. vollkommene Mensch der Ur- und Endzeit, Anfang und Ziel des Menschen überhaupt«[59].

Selbstverwirklichung, Individuation, ist nicht nur persönliche Notwendigkeit in dem Sinne, dass man nicht einfach als Kopie lebt, dass man wirklich entwickeln kann, was in einem als je Eigenes auch angelegt ist, nicht nur etwas, was dem eigenen Leben Sinn und Bedeutung vermittelt. Individuation bedeutet auch eine Bemühung um die Entwicklung des Menschlichen an sich, des kollektiv Menschlichen. Das heißt aber auch: Was mir geschieht, ist zwar für mich einmalig, aber es ist anderen auch schon geschehen und konnte bewältigt werden.

Jung erwähnt dann auch noch eine dritte Stufe des Selbst, und zwar in Anlehnung an den Alchemisten Dorneus. Dieser geht davon aus, dass der ganzheitliche Mensch sich mit dem Unus Mundus verbinden könne, der potenziellen ganzen Welt des ersten Schöpfungstages. Das hieße, dass das Selbst, zunächst intrapsychisches Zentrum des Menschen von großer Selbstregulierungs- und Anordnungskraft auch in der äußeren Welt, letztlich auch in einer Verbindung zum Kosmos als dem Ganzen steht. Letztlich wird durch diese Idee alles Lebendige als ein Organismus verstanden. Diese Idee, die in der Renaissance lebendig war, fasst heute durch die Ökologiebewegung wieder Fuß in unserem Denken.

Aus: Verena Kast, Lass dich nicht leben – lebe!

Wenn das Leben nicht so war, wie man es sich vorgestellt hat

In jedem Leben gibt es Ereignisse, die schwer zu akzeptieren sind. Diese können mit der Zeitgeschichte oder/und mit der privaten Geschichte in einem Zusammenhang stehen. Es gibt Entscheidungen, die man bedauert, die aber nicht mehr rückgängig gemacht werden können, es geht um mögliche Lebenswege, die man hätte einschlagen können und die man nicht eingeschlagen hat. Oder es sind schmerzhafte Erfahrungen, die man zu wenig betrauert hat und die aus diesem Grunde immer noch in der Erinnerung »zuvorderst« stehen.

Wie geht man damit um? Die Tiefenpsychologie bietet hier eine Hilfestellung an. Ist das Leben nicht so gelaufen, wie man sich vorstellt, dass es hätte laufen sollen, man es aber auch nicht mehr verändern kann, sollte man sich nicht einfach das Ergebnis des Lebens anschauen, sondern auch den Lebensweg.

Zum Weg gehört ja, dass man immer wieder an Wegkreuzungen gerät, an Orte, an denen sich die Wege verzweigen. Diese Verzweigungen entsprechen Wahlsituationen, die in jeder Biografie erlebt werden. Spricht man von Lebensübergängen, sprechen wir oft auch von notwendigen Wahlsituationen.

Ein ganz zentrales Thema ist oft: Bleiben oder weggehen? Bleibe ich hier, wo ich mich zu Hause fühle, oder gehe ich in ein Land, das mir vom Klima her attraktiver erscheint, oder in ein Land, wo ich denke, dass ich mich besser entfalten kann in meinem Beruf? Bleibe ich in meiner angestammten Beziehung, oder suche ich eine neue?

Das sind Punkte, an denen sich unsere Biografie verzweigt und wir alternative Optionen haben. Hier tauchen Fragen auf, die wir uns im Zusammenhang mit unserer Lebensgeschichte stellen. Was wäre aus meinem Leben geworden, wenn ich mit 28 Jahren nach Australien ausgewandert wäre, wie ich das kurzzeitig vielleicht vorhatte?

Wenn man den Lebensweg und das Ergebnis miteinander vergleicht, dann wird man die Entscheidungen, die man getroffen hat, besser verstehen und man kann das Ergebnis besser akzeptieren.

Ein 64-jähriger Mann, der einen kleinen Handwerksbetrieb aufgebaut hatte, sprach immer wieder bedauernd davon, dass er mit dreißig nicht zugegriffen habe, als man ihm die Führungsposition in einer sehr großen Firma angeboten habe. Er meinte auch, diese »Fehlentscheidung« sei schuld daran, dass seine Frau so wenig Respekt vor ihm habe, dass er immer wieder unter depressiven Verstimmungen leide und dass er seinen Lebensweg als Ganzen einfach nicht so richtig akzeptieren könne. Ihm schien sein Leben irgendwie verfehlt, mit seiner Identität als Geschäftsmann, aber auch als Partner, als Mensch überhaupt, war er zerfallen. Aber wie war es zu dieser Entscheidung überhaupt gekommen? Der Mann beschrieb sich als sehr strebsamen Menschen, der im Kontakt mit anderen Schwierigkeiten hatte, nicht aber im Kontakt mit dem Material. Zu der Zeit, als ihm die Stelle angeboten wurde, war er frisch verheiratet, das erste Kind war geboren. Er war sich nicht sicher, ob die Beziehung wirklich halten würde, und war in großer Sorge. Er fühlte sich durch die Stellung als Ehemann und Vater überfordert. Als er Episoden erzählte, die diese Überforderung sichtbar machten, und er auch emotional wieder in Kontakt kam mit den verschiedenen Situationen des Sich-überfordert-Fühlens, wurde ihm klar, dass die neue Stelle noch einmal eine Überforderung gewesen wäre und sein Entschluss vielleicht doch weise gewesen war.

Aktives Vergessen

In einer solchen Situation kann die Methode des aktiven Vergessens hilfreich sein, die Hinderk Emrich[60] beschreibt: Man rekonstruiert nicht nur den Weg, den man zurückgelegt hat, sondern an den Entscheidungspunkten auch die alternativen Wege, die möglich gewesen wären. Vergangenheit wird bewältigt, indem man sich imaginativ den zurückgelegten Lebensweg vergegenwärtigt und dabei alle nicht gewählten Optionen ebenfalls imaginiert.[61] Was war da eigentlich? Was wäre geworden? Was wäre geworden, wenn ich nicht geheiratet hätte oder wenn ich geheiratet hätte? Oder wenn ich Kinder gehabt hätte oder wenn ich keine Kinder gehabt hätte? Die Optionen, die man nicht ergriffen hat, werden in der Imagination bewusst gemacht. Damit wird auch der damalige Wahlprozess bewusst. Durch dieses aktualisierende Erinnern findet eine Desaktualisierung statt: Man hängt nicht mehr an den Entscheidungen, die man nicht getroffen hat. Man versteht, dass ein Lebensweg nicht nur das Resultat des begangenen Weges ist; dieser Weg schließt alle die Wege ein, die wir nicht gegangen sind. Zu unserer Identität gehören auch diejenigen Identitätsaspekte, gegen die wir uns entschlossen haben.

Meistens wollen wir gar nicht an die Entscheidungen denken, die wir für falsch halten. Wir finden, wir würden uns damit nur unglücklich machen. Aber indem wir uns so sehr vornehmen, nicht daran zu denken, sind sie in der Erinnerung immer präsent.

Indem man die nicht gewählten Optionen imaginiert, werden diese lebendig, und die Wahlprozesse, durch die man gegangen ist, erhalten eine Erlebnisqualität. Emrich nennt das eine »kreativ deutende Vergegenwärtigung«[62]; dadurch können Selbstanteile, die miteinander im Konflikt liegen, versöhnt werden, man bleibt nicht an der Vergangenheit hängen, Kreativität wird frei. Man erklärt sich nachträglich einverstanden mit der damaligen Identität.

Wenn man diese nicht gewählten Optionen imaginiert, wird erfahrbar, dass der Entschluss, den man immer wieder bedauert hat, gar kein falscher, sondern in der damaligen Situation ein als gut zu wertender Entschluss, vielleicht sogar der einzig mögliche war. Es ist aber auch möglich, dass man den gefassten Entschluss, der sich dann in deutlichen Folgen im Fortgang des Lebens gezeigt hat, bedauert. Eine Option mag einem dann doch viel »sinnvoller«, stimmiger für die eigene Identität erscheinen. Durch die Imagination wird dieser Konflikt auch emotional erlebbar, und dadurch wird ermöglicht, dass man Abschied nimmt, betrauert, was nie im Leben zum Tragen gekommen ist.[63] Um aber diese nicht gewählte Option betrauern zu können, muss sie zunächst in der Imagination erlebbar werden.

So können Menschen in einem Trauerprozess blockiert sein, weil sie zum Beispiel einen, wie sie sagen, »gehassten« Vater betrauern müssen. Der Trauerprozess um den Vater wird erst möglich, wenn die Imagination eines geliebten

Vaters zugelassen wird. Wie wäre es gewesen, wenn ich einen geliebten Vater gehabt hätte? Wie wären die Interaktionen gewesen? Wie hätte ich mich entwickelt, durch die Kindheit hindurch und auch später mit einem »idealen« Vater? Lässt man sich auf diese Imaginationsprozesse ein, entwirft man ein Leben, wie es hätte sein können. Dabei wird – zum Teil nach längerer Imaginationsarbeit – erfahrbar, dass auch das Leben mit diesem Vater einige Klippen und Probleme gebracht hätte, ja, dass sich vielleicht gerade wichtige Aspekte der Identität, auf die man stolz ist, vielleicht nicht entwickelt hätten.

Eine 35-jährige Frau litt an einer Depression nach dem Tod ihres Vaters. Das verstand sie nicht. Sie war davon überzeugt, entlastet und sogar froh zu sein, dass ihr gewalttätiger, unberechenbarer Vater endlich gestorben war. Sie wollte und musste ihn nicht betrauern, meinte sie. Dass man an einem Menschen, den man hasst, vielleicht noch mehr gebunden bleibt als an einen, den man liebt, und ein Trauerprozess durchaus nötig ist, war ihr ein »sehr fremder Gedankengang«. Auf die Frage, was für einen Vater sie denn gebraucht hätte, imaginierte sie einen sehr aufmerksamen Vater, der sie bewunderte und förderte und selber kein Versager, sondern ein sehr erfolgreicher Mann war. Sie imaginierte sich durch die Jahre hindurch mit diesem Vater, und stellte dann fest, dass sie im Alter von zwanzig Jahren noch ungeheuer auf diesen »wunderbaren Vater« fixiert war und ganz unselbstständig, bewundernd an seinen Lippen hing. Wie sie das genussvoll schilderte, schien ihr plötzlich etwas einzufallen. Sie setzte sich im Stuhl auf und sagte: »Das wäre ja furchtbar! Ich war mit zwanzig eine selbstständige, mutige, selbstverantwortliche junge Frau. Das wurde mir von außen auch immer wieder bewundernd bestätigt. Darauf bin ich stolz. Das ist auch ein Ergebnis meines schwierigen Lebens mit diesem Vater.« Sie stellte fest, dass es auch mit einem idealen Vater Probleme gegeben hätte, allerdings andere, und dass sie, auch wenn man es könnte, das Schicksal nicht austauschen wollte. Die Konsequenz des Imaginierens des idealen Vaters, und der Entschluss, dass das auch nicht das war, was sie eigentlich wollte, brachte sie dazu, ihren Vater mit etwas liebevolleren Augen zu sehen und zu sehen, was schwierig war, aber auch, was gut war. Sie verstand ihn besser in seinem Gewordensein und konnte ihm verzeihen. Dadurch wurde dann auch ein normaler Trauer- und Ablöseprozess möglich.

Imaginiert man die nicht eingegangenen Optionen in einer hinreichenden Verbindung mit der Realität, stellt man fest, dass es mit jedem Lebensentwurf Erfüllung gibt, etwas, das bereichert. Doch ist auch jeder Lebensentwurf mit Schwierigkeiten verbunden. Meistens bevorzugen wir dann doch die Probleme, die wir kennen und mit denen wir gelernt haben umzugehen.

Es geht also um ein Erinnern, um nicht nur das zu vergessen, was war, sondern auch das, was hätte sein können. Das ist eine Form der Therapie, die vor allem dann wichtig ist, wenn die Vergangenheit eine große Macht über die Zukunft hat, wenn Menschen von der Vergangenheit nicht loskommen, die ein »Vergessensdefizit« haben, wie man es zum Beispiel bei Depressiven feststellt.[64]

Ähnlich wie bei den Träumen der Jugendlichen wird auch hier deutlich: Zu unserer Identität gehört nicht nur das, was real gelebt und erkannt worden ist, zu unserer Identität gehört auch, was wir verdrängt haben sowie die Fantasien, die wir nie wirklich zum Leben haben kommen lassen. Haben wir eine Wahlmöglichkeit verworfen, dann heißt das nicht, dass wir uns mit dieser Option nicht auseinandergesetzt haben, wir haben sie nur nichr gewählt. Frauen, die keine eigenen Kinder haben, haben sich vielleicht über lange Jahre hinweg mit der Option, Kinder zu haben oder keine Kinder zu haben, auseinandergesetzt. Diese Auseinandersetzung geschieht in der Imagination. Kann man diese Fantasien aus den verschiedenen Zeiten wieder in Erinnerung rufen, gibt es die Möglichkeit, sich mit dem eigenen Entschluss zu versöhnen.

Aus: Verena Kast, Trotz allem ich. Gefühle des Selbstwerts und der Erfahrung von Identität

Erzählen Sie!

In einer ganz natürlichen Weise betreiben wir einen Lebensrückblick, wenn wir einander etwas aus unserem Leben erzählen. Treffen wir Menschen, die wir lange nicht mehr gesehen haben, etwa bei einem Klassentreffen, dann hebt ein Erzählen an: »Weißt du noch?« Und dann kommen entweder die Erinnerungen zurück oder sie kommen partout nicht zurück.

Wir erzählen dann einander, was wir eigentlich längst wissen, jetzt aber aus der Perspektive von heute. Manchmal verstehen wir dadurch etwas aus unserem Leben besser, manchmal wundern wir uns über uns selbst, ärgern uns nachträglich, oder wir freuen uns. In unseren Erzählungen erzählen wir einander unser Leben, unser Gewordensein, und manchmal bringen uns altbekannte Menschen einen Teil unserer Biografie in die Erinnerung zurück, den wir bereits vergessen haben.

Aber auch ohne das Treffen mit alten Freunden und Freundinnen – unser Leben ist voll von Situationen, die Erinnerungen abrufen. Wir hören eine Geschichte, lesen einen Text, sehen einen Film: Immer fällt uns dazu etwas aus unserem Leben ein. Und wenn wir mit Menschen zusammen sind, die bereit sind, einander zuzuhören, dann erzählen wir. Im Erzählen wird die Vergangenheit vor dem inneren Auge präsent – oder wir beschreiben eine Fantasie, die in die Zukunft weist. Indem wir auf eine frühere Zeit rekurrieren, erzählen wir, wie ganz anders wir das heute sehen und wie ganz anders das auch die Zukunft beeinflussen wird. Da wird einem älteren Mann gespiegelt, wie er als Maturand so furchtbar gestresst war, weil er unbedingt die besten Noten haben wollte, ohne dies allerdings zu schaffen. Locker erzählt er, dieses Problem habe sein Leben noch lang geprägt, dann sei er depressiv geworden, habe eine Behandlung gebraucht und habe da unter anderem gelernt, das Leben zu genießen. Er war der Einzige unter den »alten Maturanden«, der sich viel Zeit für ein lustvolles Hobby gönnte – und es wird noch mehr werden, sagt er. »Gerade, weil ich das alles verpasst habe, als ich jung war.« Die Erinnerungen an das Früher wecken Ideen, wie es denn später aussehen könnte: Manchmal als eine geradlinige Fortsetzung dessen, wie man sich schon immer verhalten hatte, schon immer gewesen war oder aber als Wunsch, Verpasstes noch nachzuholen, noch Ausstehendes in das Leben hereinzuholen. Das kann zu erstaunlichen Neuanfängen führen – auch im höheren Alter.

Alle Menschen erzählen Geschichten aus dem eigenen Leben, Geschichten über Vergangenes, Geschichten über Zukünftiges. Unsere Geschichten machen unsere Identität aus: In ihnen zeigt sich unser Gewordensein und mit ihnen zeigen wir anderen Menschen, wie wir geworden sind und wie wir gesehen werden wollen. Auf unser Gewordensein sind wir ein wenig stolz, freuen uns. Unsere Geschichten zeigen aber auch das Schwierige, das, was wir versäumt haben oder was wir einfach nicht gekonnt haben, mit dem wir uns weiter quälen oder uns damit versöhnen. Wir haben ein Gefühl für uns selbst: Wer wir sind, wer wir waren, wer wir sein könnten. Dieses Gefühl wird unter anderem belegt durch die Geschichten, die wir erzählen; dadurch wird unsere Identität[65] auch für andere Menschen sichtbar und wird von ihnen bestätigt. Meine Identität ist nie nur eine für mich ganz allein, sie wird auch von außen gespiegelt, bestätigt, infrage gestellt. Die Erfahrung von Identität erschließt sich aus Beziehungen: Wir erzählen etwas von uns, das uns wichtig ist und jemand von außen muss diese Erzählung bestätigen oder auch leicht verändern. Erzählen wir, dass wir uns für feige halten, dann ist das eine Beschreibung eines Aspekts unserer Identität: Unsere Mitmenschen werden entweder bestätigen, dass sie uns auch als feige erleben – oder aber diese Zuschreibung nicht für korrekt halten. In den Geschichten, die wir erzählen, konstruieren wir einen wichtigen, weil mit anderen leicht zu teilenden, Aspekt unserer Identität. Es ist eine narrative Identität: Wir erzählen unsere Lebensgeschichte. Arbeit und Leistung, ein wichtiger Aspekt unseres Identitätserlebens, können in Geschichten vermittelt werden, müssen aber nicht. Auch ohne dass wir eine Geschichte erzählen, wissen wir selber, ob wir gerade gute Leistungen bringen können oder auch nicht, und unsere Mitmenschen können das auch sehen. Wir können aber auch darüber sprechen. Wenn wir aber nicht mehr im Erwerbsleben stehen, dann müssen wir, wollen wir diesen Aspekt der Identität betonen, erzählen, wie denn unser Arbeitsleben ausgesehen hat, wie wir uns darin bewegt haben. Unser Körper ist die Grundlage unserer Identität. Wir erzählen jedoch nicht ständig von unserem Körper: Er ist ja da, kann betrachtet werden. Dennoch können wir auch Geschichten über unseren Körper erzählen, meistens sprechen wir dann von den Störungen, oder wir verschweigen sie. Wann immer es um Reflexion der Identität geht, auch darum, die Identität in ihrer Kontinuität zu sehen, erzählen wir Geschichten. Und wenn diese Geschichten zusammenhängen, dann haben wir das Gefühl, eine kohärente Identität zu haben.

Erzählen wir einander eine Geschichte aus unserem Leben, dann wird nicht nur die Vergangenheit lebendig, wir selber werden dabei lebendig. Einander Geschichten zu erzählen wirkt belebend. Wir sprechen von unserer jetzigen Lebenssituation, vielleicht auch von einer vergangenen, eingebettet in eine zeitgeschichtliche Situation, in kulturelle Strömungen. Oder wir erzählen von einer tiefen

Sehnsucht, einem Traum, den wir uns erfüllten oder eben auch nicht. Was wir erzählen, kommt uns vielleicht sogar banal vor – ist es aber nicht. Und plötzlich erzählen wir etwas, das wir gar nicht erzählen wollten. Ein junger Mann erzählt von einer Bergtour – überschwänglich – sehr stolz auf eine tolle Leistung. Man sieht ihm beim Erzählen an, dass er sich in seiner Vorstellung noch einmal auf dieser Tour befindet – und dann erzählt er plötzlich etwas von einem Schwächeanfall. Das wollte er eigentlich nicht erzählen, das hatte er noch nie erzählt. Das war doch so beschämend! Das Erzählen der Geschichte brachte ihn dazu, das Thema der Schwäche, das ja auch zu jedem Leben gehört, anzuerkennen.

Geschichten sind emotional ganz unterschiedlich getönt: Einige Geschichten sind beschämend, problematisch, andere beglückend, wieder andere so schrecklich, dass wir sie gar nicht mehr erinnern wollen. Oft geht aber auch Gutes vergessen – und das ist schade. Soll der Lebensrückblick uns emotional berühren und uns auch unsere Emotionen verändern, müssen wir Geschichten erzählen, aber wir müssen wirklich erzählen. Bloße Informationen, wie wir sie etwa für einen geschriebenen Lebenslauf brauchen, genügen nicht. Gute Geschichten erzählen wir den Menschen, die gut zuhören können und interessiert sind an unseren Geschichten, die also nicht nur auf ein Stichwort warten, um dann ihre eigene Geschichte zu erzählen. Menschen, die gut zuhören, lassen Vorstellungen zu und fördern damit auch das vorstellungsbezogene Sprechen. »Stell dir vor, was mir passiert ist…« Damit leiten wir eine

Geschichte ein und bitten den Zuhörer oder die Zuhörerin, sich etwas vorzustellen, sich die entsprechende Situation bildhaft, vielleicht wie einen Film, vorzustellen. Die Vorstellungskraft von beiden ist gefragt und damit werden Bilder in unserer Psyche und damit verbunden Gefühle geweckt – bei beiden. Es entsteht ein Erzählraum, den wir miteinander teilen. In diesem Raum können sich die Geschichten verändern und können auch neu bewertet werden.

Aus: Verena Kast, Was wirklich zählt, ist das gelebte Leben. Die Kraft des Lebensrückblickes

Schöpferisch leben

Heil werden heißt für Jung, sich an das schöpferische Prinzip, das alles durchdringt, was im Leben ist, anzuschließen, im Strom von Werden und Vergehen zu sein. Dann lebt der Mensch in einer schöpferischen Haltung, dann hat er Zugang zu seinen Ressourcen, dann können die Selbstheilungskräfte des Menschen wirksam werden.[66] Kreativität beruht auf der schöpferischen Einbildungskraft. Diese ist für C. G. Jung zentral wichtig:

Indem der Mensch schöpferisch ist, erschafft er auch sich selber.[67] Jung ist der Ansicht, dass das menschliche Ich nicht ohne Kreativität leben könnte, es müsse seine Existenz beweisen, indem es etwas erfinde, etwas eigenes, Ungewöhnliches mache, vielleicht sogar etwas Gefährliches.[68] Er sieht die kreativen Impulse – und das sind auch die imaginativen Impulse – als Möglichkeiten, die Persönlichkeit zu gestalten. Im Individuationsprozess soll man sich der schöpferischen Impulse bewusst werden. Diese schöpferischen Impulse stammen im Wesentlichen aus Imaginationen, Träumen, Einfällen. Die Vorstellungskraft bringt uns nicht nur die Vergangenheit in der Erinnerung zurück, sie lässt uns nicht nur die Zukunft in schönen Farben ausmalen, sie zeigt uns auch auf, was wir befürchten und welche Konflikte hinter unseren Verstimmungen stecken. Sie öffnet uns neue Räume, vermittelt Hoffnung und hilft uns dadurch zu überleben, mehr noch, sie hilft uns zu leben. Sie ist eine wichtige Ressource. Den Begriff der Ressource fasse ich sehr weit; ich verstehe sie als Quellen in uns, auf die wir rekurrieren können, die uns den Zugang zur Selbsthilfe eröffnen, zu Selbstwirksamkeit, aber auch zur Regulierung der Gefühle, und immer wieder auch zu neuen Ideen, verbunden mit einem Gefühl der ängstlichen Hoffnung. Die Lebensqualität wird besser, Sinn kann wieder erfahren werden, man ist sich seiner gewiss und erlebt Kompetenz.

Aus: Verena Kast, Seele braucht Zeit

Hoffnung, die Geborgenheit gibt

Die Möglichkeit zur Hoffnung liegt im menschlichen Wesen selber, und dennoch muss man sich immer wieder neu auch zur Hoffnung entschließen.

Die Unterscheidung im Französischen von »espoir«, der aktiven Hoffnung zum Leben, und »espérance«, der tiefen Hoffnung, die den Menschen auszeichnet und die etwa in großen existenziellen Krisen als bildlose Hoffnung zum Tragen kommt, ist durchaus sinnvoll. Dennoch sind die beiden Formen der Hoffnung nicht zu trennen, durchdringt die bildlose Hoffnung zumindest immer wieder die alltägliche Hoffnung, die sich als Trieb zur Selbstverwirklichung, zur Selbstwerdung, zur Realisierung im alltäglichen Leben zeigt.

Dabei scheint sich die Angst immer wieder über die Hoffnung zu legen, ohne dass sie die Hoffnung wirklich ersticken könnte. Wo Hoffnung ist, ist Geduld möglich, denn plötzlich bricht die Hoffnung doch wieder durch. Die »Hoffnung ersäuft die Angst«, so Ernst Bloch[69] und meint damit, dass die Hoffnung im Menschen ursprünglicher ist als die Angst und dass sich Menschen deshalb auch zur Hoffnung aktiv entschließen können.

Ähnliches gilt vom Vertrauen: Wir Menschen vertrauen ursprünglich, aber wir müssen uns auch immer wieder zum Vertrauen entschließen, Vertrauen schaffen, Vertrauen riskieren und uns dazu entschließen, dass wir in einer Welt leben wollen, in der man einander vertrauen kann. Hoffnung und Vertrauen wachsen aus den verlässlichen Bindungen, und sie werden mehr, wenn wir uns für verlässliche Bindungen zur Verfügung stellen. Hoffnung vermehrt sich auch aus der Erfahrung heraus, dass uns Menschen etwas trägt: So haben wir immer wieder Einfälle, die uns helfen, das Leben zu bewältigen, die uns immer wieder auch eine neue Zuversicht geben können, aber wir können diese Einfälle offensichtlich nicht selber machen. Wir können nur offen und empfänglich dafür sein, wenn sie kommen. Wenn wir aber einen Einfall haben, dann können wir ihn verwirklichen. Es braucht also Entschlossenheit und Gelassenheit: Wir entschließen uns zu Hoffnung und zu Vertrauen, wir stellen uns das bessere Leben in unseren Imaginationen vor, aber wir können und müssen nicht alles aus eigener Kraft machen. Zur Entschlossenheit gehört auch, dass wir uns mit der Angst beschäftigen, die uns die Zukunft als bedrohlich erscheinen lässt. Zur Entschlossenheit gehört aber auch, dass wir Ressourcen in unserem Leben ernst nehmen und Seiten an uns entwickeln, die das Selbstvertrauen und das Vertrauen mehren, so wie wir es erleben, wenn wir uns freuen. Dann gelingt auch eine echte Gelassenheit: Es kommt wirklich darauf an, beharrlich das Bessere zu erwarten, ohne eine zu enge Erwartung aufzubauen, geduldig dabei zu sein, um bereit zu sein, das Neue zu erfassen, wenn es sich denn zeigt.

Eine solche Haltung gibt eine Geborgenheit im Leben, und sie führt auch zu Dankbarkeit. Wir können nicht dankbar sein, wenn wir den Eindruck haben, alles aus eigener Kraft machen zu müssen. Dies können wir aber nicht, und wir müssen es auch nicht. Und vielleicht ist das, was uns geschenkt wird, das Beste. Aber es ist wie mit den Märchenhelden und Märchenheldinnen: Ohne unser Engagement wird uns auch nichts geschenkt.

Aus: Verena Kast, Aufbrechen und Vertrauen finden. Die kreative Kraft der Hoffnung

Literaturverzeichnis

Bloch, Ernst (1959) Das Prinzip Hoffnung, Band I. Frankfurt/Main

Blomeyer, Rudolf (1974) Aspekte der Persona. In: ANAPC4 5/1

Caplan, Gerald (1964) Principles of Preventive Psychiatry. London

Csíkszentmihályi, Mihály (1987) Das Flow-Erlebnis. Jenseits von Angst und Langeweile – Im Tun aufgehen. Stuttgart

Emrich, Hinderk M. (1996) Über die Notwendigkeit des Vergessens. In: Schmid, Gary/Emrich, Hinderk M. (Hg.) Vom Nutzen des Vergessens. Berlin

Erikson, Erik H. (1975) (1959) Der junge Mann Luther. Frankfurt/Main

Erikson, Erik H. (1988) Der vollständige Lebenszyklus. Frankfurt/Main

Fiedler, Peter (1999) Dissoziative Störungen und Konversion. Trauma und Traumabehandlung. Weinheim

Frisch, Max (1969) Mein Name sei Gantenbein. Frankfurt

Frisch, Max (1985) Augenblick. Tagebuch 1946–1949. Frankfurt

Han, Byung-Chul (2009) Duft der Zeit. Ein philosophischer Essay zur Kunst des Verweilens. Bielefeld

Heuft, Gereon/Kruse, Andreas/Radebold, Hildegard (2000) Lehrbuch der Gerontopsychosomatik und Alterspsychotherapie. München/Basel

Illouz, Eva (2011) Warum Liebe weh tut. Berlin

Jacobi, Jolande (1971) Die Seelenmaske. Olten

Jaffé, Aniela (1962) Erinnerungen, Träume, Gedanken von C. G. Jung. Zürich.

Jung, Carl G. (1904) Experimentelle Untersuchungen über Assoziationen Gesunder. In: Experimentelle Untersuchungen, GW 2. Olten

Jung Carl G. (1904) Die Lebenswende. In: Die Dynamik des Unbewussten, GW 8, § 772ff. Düsseldorf

Jung, Carl G. (1954) Die psychologischen Aspekte des Mutterarchetypus, In: GW 9/1, § 152. Düsseldorf

Jung, Carl G. (1971) Psychologische Typen. In: GW 6, § 988. Olten

Jung, Carl G., Düsseldorf (1973) Die transzendente Funktion. In: GW 8, § 159f. Düsseldorf

Jung, Carl G. (1976) Über Wiedergeburt. In: Die Archetypen und das Kollektive Unbewusste. GW 9/1, § 221. Olten

Jung, Carl G. (1979) Über das Phänomen des Geistes in Kunst und Wissenschaft. In: GW 15, § 115. Düsseldorf

Jung, Carl G. (1983) Aion. Beiträge zur Symbolik des Selbst. In: GW 9/11, § 257. Düsseldorf

Jung, Carl G. (1983) Bewusstsein, Unbewusstes und Individuation. In: GW 9,1, §489–524. Düsseldorf

Jung, Carl G. (1984) Die Konjunktion, In: GW 14/II, § 414. Olten

Jung, Carl G. (2006) Die Psychologie der Übertragung. In: GW 16, § 445; § 400. Düsseldorf

Kant, Immanuel, zitiert in Schoeck, Helmut (1977) Der Neid und die Gesellschaft. Freiburg

Kast, Verena (1980) Das Assoziationsexperiment in der therapeutischen Praxis. Fellbach

Kast, Verena (1987) Der schöpferische Sprung. Vom therapeutischen Umgang mit Krisen. Olten

Kast, Verena (1988) Imagination als Raum der Freiheit. Dialog zwischen Ich und Unbewußtem. Olten

Kast, Verena (1990) Die Dynamik der Symbole. Olten

Kast, Verena (1991) (2000) Freude, Inspiration, Hoffnung. Düsseldorf

Kast, Verena (1991) Loslassen und sich selbst neu finden. Die Ablösung von den Kindern. Freiburg

Kast, Verena (1994) Vater-Töchter, Mutter-Söhne. Wege zur eigenen Identität aus Vater- und Mutterkomplexen. Stuttgart

Kast, Verena (1998, 2006) Neid und Eifersucht. Die Herausforderung durch unangenehme Gefühle. München

Kast, Verena (1999) Der Schatten in uns. Die subversive Lebenskraft. Zürich/Düsseldorf

Kast, Verena (2000) Sich einlassen und loslassen. Neue Lebensmöglichkeiten bei Trauer und Trennung. Freiburg

Kast, Verena (2003) Lebenskrisen werden Lebenschancen. Wendepunkte des Lebens aktiv gestalten. Freiburg

Kast, Verena (2003) Abschied von der Opferrolle. Das eigene Leben leben. Freiburg

Kast, Verena (2003) Trotz allem ich. Gefühle des Selbstwerts und die Erfahrung von Identität. Freiburg

Kast, Verena (2005) Trotz allem ich. Gefühle des Selbstwerts und der Erfahrung von Identität. Freiburg

Kast, Verena (2005) Aufbrechen und Vertrauen finden. Die kreative Kraft der Hoffnung. Freiburg

Kast, Verena (2007) Lass dich nicht leben – lebe! Die eigenen Ressourcen schöpferisch nutzen. Freiburg

Kast, Verena (2012) Zuversicht. Wege aus der Resignation. Freiburg

Kast, Verena (2014) Lebenskrisen werden Lebenschancen. Wendepunkte des Lebens aktiv gestalten. Freiburg

Kruse, Otto (1991) Emotionsentwicklung und Neuroseentstehung. Stuttgart

Mayer, Karl U./Balthes, Paul B. (Hg.) (1999) Die Berliner Altersstudie. Berlin

Müller, Felix E. (2012) Die 100-Millionen-Franken-Frage: Wie funktioniert die Wirtschaft? In: NZZ am Sonntag, 22. Juli 2012, S. 31

Reddemann, Luise (2001) Imagination als heilsame Kraft. Zur Behandlung von Traumafolgen mit ressourcenorientierten Verfahren. Stuttgart

Riedel, Ingrid (1992) Maltherapie. Stuttgart

Rosa, Hartmut (2005) Beschleunigung. Die Veränderung der Zeitstrukturen in der Moderne. Frankfurt/Main

Rosa, Hartmut (2012) Weltbeziehungen im Zeitalter der Beschleunigung. Umrisse einer neuen Gesellschaftskritik. Frankfurt, S. 306

Sacks, Oliver (1991) Awakenings. Zeit des Erwachens. Reinbek

Schoeck, Helmut (1977) Der Neid und die Gesellschaft. Freiburg

Sherman, Cindy/Dickhoff, Wilfried (1995) Cindy Sherman im Gespräch mit Wilfried Dickhoff. Köln

Straub, J. (1989) Historisch-psychologische Biographieforschung. Heidelberg

Williams, Mary (1958) The Fear of Death. In: J. Analyt. Psychol. 3

Zimmermann, Peter/Becker-Stoll, Fabienne (2001) Bindungsrepräsentation im Jugendalter. In: Gabriele Glober-Tippelt (Hg.) Bindung im Erwachsenenalter. Bern

Anmerkungen

1 Kast, Verena (1994) Vater-Töchter, Mutter-Söhne. Wege zur eigenen Identität aus Vater- und Mutterkomplexen. Stuttgart

2 Müller, Felix E. (2012) Die 100-Millionen-Franken-Frage: Wie funktioniert die Wirtschaft? In: NZZ am Sonntag, 22. Juli 2012, S. 31

3 Illouz, Eva (2011) Warum Liebe weh tut. Berlin, S. 113

4 Illouz, Eva (2011) Warum Liebe weh tut. Berlin, S. 441

5 Rosa, Hartmut (2012) Weltbeziehungen im Zeitalter der Beschleunigung. Umrisse einer neuen Gesellschaftskritik. Frankfurt, S. 306

6 Illouz, Eva (2011) Warum Liebe weh tut, Berlin, S. 387ff.

7 Rosa, Hartmut (2005) Beschleunigung. Die Veränderung der Zeitstrukturen in der Moderne. Frankfurt/Main, S. 365

8 Han, Byung-Chul (2009) Duft der Zeit. Ein philosophischer Essay zur Kunst des Verweilens. Bielefeld, S. 13

9 Kast, Verena (2012) Zuversicht. Wege aus der Resignation. Freiburg

10 Rosa, Hartmut (2005) Beschleunigung. Die Veränderung der Zeitstrukturen in der Moderne. Frankfurt/Main, S. 360

11 Rosa, Hartmut (2005) Beschleunigung. Die Veränderung der Zeitstrukturen in der Moderne. Frankfurt/Main, S. 573

12 Jung, Carl G. (1983) Bewusstsein, Unbewusstes und Individuation. In: GW 9,1, §489–524. Olten, S. 293–307

13 »Trost« von Ina Seidel

14 Erikson, Erik H. (1988) Der vollständige Lebenszyklus. Frankfurt/Main, S. 98

15 Erikson, Erik H. (1975) (1959) Der junge Mann Luther. Frankfurt/Main

16 Erikson, Erik H. (1975) (1959) Der junge Mann Luther. Frankfurt/Main S. 46

17 Kast, Verena (2014) Lebenskrisen werden Lebenschancen. Wendepunkte des Lebens aktiv gestalten. Freiburg, S. 29ff.

18 Williams, Mary (1958) The Fear of Death. In: J. Analyt. Psychol. 3, 1958, S. 157–165

19 Kast, Verena (1991) Freude, Inspiration, Hoffnung. Olten

20 Zimmermann, Peter/Becker-Stoll, Fabienne (2001) Bindungsrepräsentation im Jugendalter. In: Glober-Tippelt, Gabriele (Hg.) Bindung im Erwachsenenalter. Bern, S. 263

21 Kast, Verena (1999) Der Schatten in uns. Die subversive Lebenskraft. Zürich/Düsseldorf

22 Jung, Carl G. (1976) Über Wiedergeburt. In: Die Archetypen und das Kollektive Unbewusste. GW 9/1, Olten, § 221

23 Sherman, Cindy/Dickhoff, Wilfried (1995) Sherman Cindy im Gespräch mit Wilfried Dickhoff. Köln

24 Kruse, Otto (1991) Emotionsentwicklung und Neuroseentstehung. Stuttgart, S. 148

25 Die Idee von Jolande Jacobi, die Persona bilde sich erst in der Pubertät, ist umstritten. Jacobi, Jolande (1971) Die Seelenmaske. Olten

26 Kast, Verena (1999) Der Schatten in uns. Die subversive Lebenskraft. Zürich/Düsseldorf, S. 156ff.

27 Kast, Verena (1994) Vater-Töchter, Mutter-Söhne. Wege zur eigenen Identität aus Vater- und Mutterkomplexen. Stuttgart

28 Blomeyer Rudolf (1974) Aspekte der Persona. In ANAPC4 5/1 S. 17ff.

29 Kast, Verena (1991) Freude, Inspiration, Hoffnung. Olten

30 Jacoby, Mario (1996) Das Leiden an Gefühlen von Ohnmacht in der Psychotherapie. In: Egner, Helga (Hg.), Macht, Ohnmacht, Vollmacht, Zürich/Düsseldorf

31 Kant, Immanuel, zitiert in Schoeck, Helmut (1977) Der Neid und die Gesellschaft. Freiburg, S. 148

32 Kast, Verena (1998) (2006) Neid und Eifersucht. Die Herausforderung durch unangenehme Gefühle. München.

33 Csíkszentmihályi, Mihály (1987) Das Flow-Erlebnis. Jenseits von Angst und Langeweile – Im Tun aufgehen. Stuttgart, S. 58f.

34 Csíkszentmihályi, Mihály (1987) Das Flow-Erlebnis. Jenseits von Angst und Langeweile – Im Tun aufgehen. Stuttgart, S. 206

35 Csíkszentmihályi, Mihály (1987) Das Flow-Erlebnis. Jenseits von Angst und Langeweile – Im Tun aufgehen. Stuttgart, S. 200

36 Straub, J. (1989) Historisch-psychologische Biographieforschung. Heidelberg, S. 177ff.

37 Frisch, Max (1969) Mein Name sei Gantenbein. Frankfurt, S. 26; 398.

38 Frisch, Max (1985) Augenblick. Tagebuch 1946–1949. Frankfurt, S. 109

39 Kast, Verena (1991, 2009) Freude, Inspiration, Hoffnung. Düsseldorf, S. 56ff.

40 Jung, Carl G. (1931) Die Lebenswende. In: Die Dynamik des Unbewussten, GW 8, § 772ff. Düsseldorf

41 Jung, Carl G. (1931) Die Lebenswende. In: Die Dynamik des Unbewussten, GW 8, § 771. Düsseldorf

42 Mayer, Karl U./Balthes, Paul B. (Hg.) (1999) (2. korr. Auflage) Die Berliner Altersstudie. Berlin; Heuft, Gereon/Kruse Andreas/Radebold Hartmut (2000) Lehrbuch der Gerontopsychosomatik und Alterspsychotherapie. München/Basel, S. 42

43 Caplan Gerald (1964) Principles of Preventive Psychiatry. London

44 Jung, Carl G. (1904) Experimentelle Untersuchungen über Assoziationen Gesunder. In: Experimentelle Untersuchungen, GW 2, Olten; Kast, Verena (1980) Das Assoziationsexperiment in der therapeutischen Praxis. Fellbach

45 Jung, Carl G. (1973) Die transzendente Funktion. In: GW Band 8, § 159f. Düsseldorf

46 Jaffé, Aniela (1962) Erinnerungen, Träume, Gedanken von C. G. Jung. Zürich

47 Jaffé, Aniela (1962) Erinnerungen, Träume, Gedanken von C. G. Jung. Zürich, S. 181

48 Riedel, Ingrid (1992) Maltherapie. Stuttgart

49 Kast, Verena (1988) Imagination als Raum der Freiheit. Dialog zwischen Ich und Unbewußtem. Olten

50 Kast, Verena (1987) Der schöpferische Sprung. Vom therapeutischen Umgang mit Krisen. Olten

51 Kast, Verena (1994) Vater-Töchter, Mutter-Söhne. Wege zur eigenen Identität aus Vater- und Mutterkomplexen. Stuttgart

52 Jung, Carl G. (2006) Die Psychologie der Übertragung. In: GW 16, § 445. Düsseldorf

53 Jung, Carl G. (2006) Die Psychologie der Übertragung, GW 16, § 400. Düsseldorf

54 Jung, Carl G. (1983) Aion. Beiträge zur Symbolik des Selbst. In: GW 9/11, § 257. Düsseldorf

55 Jung, Carl G. (1973) Die transzendente Funktion. In: GW Band 8, § 159f. Olten.

56 Jung, Carl G. Die Konjunktion. In: GW 14/II, § 414. Olten

57 Jung, Carl G. (1984) Die psychologischen Aspekte des Mutterarchetypus. In: GW 9/1, § 152. Düsseldorf

58 Jung, Carl G. (1973) Die transzendente Funktion. In: GW Band 8, § 339f. Olten; Kast, Verena (1990) Die Dynamik der Symbole. Grundlagen der Jungschen Psychotherapie. Olten, S. 114ff.

59 Jung, Carl G. (2006) Die Psychologie der Übertragung. In: GW 16, § 416. Düsseldorf

60 Emrich, Hinderk M. (1996) Über die Notwendigkeit des Vergessens. In: Schmid, Gary und Emrich, Hinderk M. (Hg.) Vom Nutzen des Vergessens. Berlin, S. 27–78.

61 Emrich, Hinderk M. (1996) Über die Notwendigkeit des Vergessens. In: Schmid, Gary und Emrich, Hinderk M. (Hg.) Vom Nutzen des Vergessens. Berlin, S. 61.

62 Emrich, Hinderk M. (1996) Über die Notwendigkeit des Vergessens. In: Schmid, Gary und Emrich, Hinderk M. (Hg.) Vom Nutzen des Vergessens. Berlin, S. 61.

63 Kast, Verena (2000) Sich einlassen und loslassen. Neue Lebensmöglichkeiten bei Trauer und Trennung. Freiburg

64 Emrich, Hinderk M. (1996) Über die Notwendigkeit des Vergessens. In: Schmid, Gary und Emrich, Hinderk M. (Hg.) Vom Nutzen des Vergessens. Berlin, S. 65

65 Kast, Verena (2003) Trotz allem ich. Gefühle des Selbstwerts und die Erfahrung von Identität. Freiburg 2003

66 Wörterbuch der Mythologie, Digitale Bibliothek

67 Jung, Carl G. (1979) Über das Phänomen des Geistes in Kunst und Wissenschaft. In: GW 15, § 115. Düsseldorf

68 Jarret, James L. (1988) Nietzsche's Zarathustra. Notes of the Seminar given in 1934–1939 by C. G. Jung, Bollingen Series, Princeton

69 Bloch, Ernst (1959) Das Prinzip Hoffnung, Band I. Frankfurt/Main